Giovanna Debatin

Partizipation in der Grundschule

Die Autorin

Giovanna Debatin ist seit vielen Jahren als Referentin für das Thema Partizipation tätig. Im Rahmen Ihres Studiums widmete sie sich auf wissenschaftlicher Ebene der Frage, wie Kindermitbestimmung in Bildungsinstitutionen gelebt werden kann. Mehrere Jahre leitete sie eine freie Grundschule und die dazugehörige Kita, in denen Partizipation das Herzstück der Pädagogik war. 2016 veröffentlichte sie bei Cornelsen ihr erstes Fachbuch, in dem sie einige ihrer Erfahrungen über Partizipation in Kitas zusammentrug. Das große Interesse an diesem Thema hat seinen Ursprung in der Kinder- und Jugendverbandsarbeit, wo Kinderrechte und Demokratie ein selbstverständliches Gut sind.

Ein paar Worte des Danks

Zum Erscheinen dieses Buchs war mehr als nur mein denkender Kopf und meine tippenden Finger nötig: die Menschen, die mich durch alle Phasen des Schreibens begleitet haben. Rachel, ohne die ich den Schritt zu einem Buch über Schulen vielleicht nie getan hätte und die mir bis zum Schluss Mut ins Ohr geflüstert hat. Kathrin, die mich als Fachfrau für Partizipation mit intensiven Gesprächen und Material aus der Praxis unterstützt und mich damit immer wieder aufs Neue inspiriert hat. Lena, die sich wie keine andere in diejenigen hineinversetzen konnte, die das Buch lesen werden. Miri, die mit ihrem Know-How zu Seminargestaltung Methoden auf Durchführbarkeit abgeklopft hat und der ich besonders amüsante Korrekturmomente zu verdanken habe. Barbara als Schreibfreuden- und -leidensgenossin, auf deren Gesellschaft ich nur ungern verzichtete. Philipp, der mir mit Erzählungen aus seinem Gemeinschaftsschulleben gezeigt hat, dass sich etwas zum Guten hin ändert, mich auf neue Ideen brachte und mich in dem Projekt bestätigte. Benedikt, der immer so genau wusste, was ich brauche, und der mir in euphorischen Momenten genauso empathisch zur Seite stand wie in zweifelnden. Ein großer Dank geht auch an Ulrike Auras, die bereits mein erstes Buch lektoriert hat und die ich deshalb unbedingt als Lektorin wieder an meiner Seite wissen wollte. Außerdem bedanke ich mich bei den Schulen, in denen ich mit eigenen Augen sehen durfte, wie sie geht, die Partizipation von Kindern in Schulen.

Partizipation in der Grundschule

Giovanna Debatin

In diesem Buch wird die weibliche Sprachform bei personenbezogenen Substantiven und Pronomen verwendet. Dies impliziert jedoch keine Benachteiligung des männlichen Geschlechts, sondern soll im Sinne der sprachlichen Vereinfachung als geschlechtsneutral zu verstehen sein.

Lektorat: Ulrike Auras, München
Umschlaggestaltung: Corinna Babylon, Berlin
Innenlayout und Technische Umsetzung: Thomas Krauß, krauß-verlagsservice, Ederheim/Hürnheim
Titelillustration/Illustrationen im Innenteil: Shutterstock/insemarDrawings (Kinder); Shutterstock/KanKhem (Tafeln); Anna-Lena Kühler, Eltville Rauenthal (S. 43: „Ein pädagogischer Tag", S. 51: „Versammlungsformen", S. 103: „Monster")
Fotos: Giovanna Debatin, Karlsruhe

1. Auflage 2019

Druck: AZ Druck und Datentechnik GmbH, Kempten

ISBN 978-3-589-16152-2

Inhalt

1 Einführung

Sich damit zu beschäftigen, wie Partizipation von Kindern in Schulen umgesetzt werden kann, mag einiges an Optimismus erfordern. Denn im pädagogischen Kontext sind Schulen diejenigen Institutionen, die sich besonders träge verändern. In einen bürokratischen Apparat eingebunden, sind sie abhängig von der Landes- und Bundespolitik. Und bis Entwicklungen in Schulen spürbar angekommen sind, dauert es.

Trägt man aber die Überzeugung in sich, dass Kinder ein Recht auf Mitbestimmung haben, kommt man nicht drum herum, sich auch mit der Schullandschaft zu beschäftigen, in der Kinder einen so großen Teil ihres Lebens verbringen. Und hat man dann auch noch Schulen kennengelernt, die sich dieses Themas angenommen haben und bereits eine vorbildliche Arbeit leisten, weiß man: Es ist nicht nur nötig, sondern auch möglich, dass Kinder ihre Meinung in der Schule einbringen und ihre Lernbiografie selbst mitbestimmen.

Schaut man sich die aktuellen Bildungspläne Deutschlands an, scheint sich etwas zu tun. Gerade neuer formulierte Pläne greifen auf, dass Kinder einen Einfluss auf das Schulleben und das eigene Lernen haben sollen. Lassen Sie sich

nicht davon entmutigen, wenn Sie mit dem Anliegen in Ihrem Kollegium nicht nur auf positive Resonanz stoßen. Machen Sie sich bewusst, dass eine partizipative Schule nicht dem entspricht, was die meisten Erwachsenen in ihrer eigenen Kindheit oder aber im Beruf erlebt haben und erleben. Beginnen Sie, Ihren Einfluss innerhalb Ihres eigenen Wirkungsfeldes geltend zu machen. Sammeln Sie eigene Mitbestimmungserfahrungen. Jeder Schritt in Richtung Partizipation ist ein wichtiger für die Schülerinnen, für Sie und die Schule. Seien Sie die Inspiration für andere, damit auch diese ihre Skepsis und ihre Ängste ablegen können.

Um ein Grundlagenwissen aufzubauen, lesen Sie das erste Kapitel, in dem die wichtigsten Theoriepunkte erläutert werden: eine Begriffsdefinition, die rechtliche Lage in Deutschland sowie eine Erklärung, warum Partizipation nicht immer gleich Partizipation ist.

Das zweite Kapitel ist ganz der Praxis gewidmet. Richten Sie Ihren Blick zunächst auf sich selbst. Sie konnten Ihr Kollegium davon überzeugen, sich mit Ihnen gemeinsam auf den Weg zu machen? Dann setzen Sie den pädagogischen Tag um, für den es einen vollständigen Fahrplan gibt, und legen damit gemeinsam alle relevanten Grundsteine für die weitere Arbeit.

Dass Kinder in der Schule an vielen Stellen mit ihrer Meinung gefragt sind, erfahren Sie im zweiten Teil des Praxiskapitels: in Gremien, bei der Leistungsbeurteilung, beim Aufstellen von Schulregeln und vielem mehr.

Das dritte Kapitel bringt auf den Punkt, worauf Sie achten sollten, damit Ihr Partizipationsvorhaben gelingt. Und das vierte ist dazu da, Mut zu machen, wenn Sie doch mal einen frustrierenden Moment erleben. Denn mal steht man sich selbst im Weg, mal ist es das Kollegium, mal die Elternschaft. Bleiben Sie dran und nehmen Sie sich die drei Interviewten zum Vorbild.

Zum Abschluss gibt es Tipps für diejenigen, die weiterhin wissenshungrig sind und mehr wissen wollen. Fachbücher, empfehlenswerte Internetseiten oder Filme machen es möglich, das Wissen zu vertiefen.

Beginnen wir also mit den Grundlagen zu Partizipation.

1.1 Partizipation – Was ist das?

Auf die Frage, was Partizipation im praktischen Schulalltag bedeutet, bekommt man von Lehrerinnen unterschiedlichste Antworten wie zum Beispiel diese:

- *Partizipation heißt zu überlegen, wie man die Interessen der Kinder in den Unterricht einbeziehen kann und Unterrichtsmethoden auf ihre Fähigkeiten abstimmt.*

- *Mitbestimmen können Kinder bei Klassenregeln oder bei der Wahl von Klassensprechern. Lehrer müssen einen Rahmen vorgeben, damit Kinder sich in diesem Sinne einbringen können.*

- *Partizipation in der Schule ist, selbst zu bestimmen, was man wann und mit wem lernt.*

- *Kinder mit ihrer Meinung ernst zu nehmen heißt, dass ich auch mal einen Plan loslassen muss, wenn ich merke, dass er nicht zu den Kindern passt. Das erfordert eine große Flexibilität und Aufmerksamkeit.*

Die Zitate spiegeln die Komplexität von Partizipation wider: Es gibt vielfältige Entscheidungssituationen; es kommen verschiedene pädagogische Haltungen von Pädagoginnen sowie deren Rollenverständnis zum Ausdruck; Freiheiten und Grenzen werden thematisiert. Bevor wir uns in diesem Buch den einzelnen Aspekten widmen, geht es zunächst darum, ein allgemeines Verständnis des Begriffs Partizipation zu erlangen.

Kinderpartizipation kann folgendermaßen definiert werden:

Kinderpartizipation bedeutet, dass Erwachsene ihre ihnen gegebene Macht teilweise an Kinder abgeben, damit diese Kinder ihr Recht wahrnehmen können, für sich selbst oder für eine Gruppe Entscheidungen zu treffen. Die Erwachsenen sorgen für partizipationsfördernde Strukturen und Methoden und setzen individuell passende und für alle Beteiligten transparente Grenzen.

Die Definition basiert auf zwei Grundannahmen: Erstens liegt die Macht bei Erwachsenen. Zweitens haben Kinder ein Recht auf Mitbestimmung. Zwar können Kinder sich gegen Machtausübung wehren oder Partizipation einfordern, doch Erwachsene haben im Zweifel immer einen größeren Handlungsspielraum und können anders, als von Kindern gewünscht, agieren.

In der Definition sind die Erwachsenen die Handelnden. Sie geben ihre Macht bewusst zu einem gewissen Teil ab. Macht vollständig abzugeben, ist nicht möglich, denn Erwachsene haben die Möglichkeit, Kindern Entscheidungsräume wieder zu entziehen. Das Handeln der Erwachsenen beinhaltet darüber hinaus, einen Rahmen zu setzen, um Kindern Partizipation tatsächlich zu ermöglichen. Dazu gehört das Verwenden von Methoden und Strukturen, die zu allen Beteiligten – also zu den Kindern gleichermaßen wie zu den Erwachsenen – passen. Was braucht es an Wissen, an Veranschaulichungen oder an Material? Und welche Grenzen sind nötig? Dieser Rahmen muss an alle kommuniziert werden.

Kindern wird entweder ein Freiraum dafür geschaffen, für sich persönlich eine Entscheidung zu treffen oder aber als Teil einer Gruppe für diese Gruppe mitzubestimmen. Sie agieren im vorgegebenen Rahmen und nutzen die zur Verfügung stehenden Methoden und Ressourcen. Genauso haben sie aber auch die Freiheit, das Partizipationsangebot abzulehnen, wenn sie keine Mitsprache möchten. Denn Partizipation setzt Freiwilligkeit voraus.

In einer Schule werden täglich unterschiedlichste Entscheidungen getroffen. Manche betreffen in erster Linie einzelne Mitglieder der Gemeinschaft, andere die Gemeinschaft als Ganzes. Kinder können z. B. mit den Lehrkräften vereinbaren, dass alle Kinder am Ende der Hofpause gemeinsam das Spielmaterial aufräumen und somit eine Pausenregelung für die ganze Gruppe treffen. Gleichzeitig darf aber jedes Kind – je nach persönlichem Bedürfnis – selbst entscheiden, wie und mit wem es die Pause verbringen mag. Der Fokus der Entscheidungen ist im ersten Fall auf die Gemeinschaft ausgerichtet, im zweiten auf ein einzelnes Kind. Wichtig zu verstehen ist, dass auch Entscheidungen, die zunächst nur ein Individuum betreffen, relevant für eine ganze Gruppe sein können.

Die Auswirkungen von Einzelentscheidungen auf die gesamte Gruppe kommen zweifach zum Tragen:

- Erstens kann es zu Diskussionen zwischen Lehrkräften (und auch Kindern) führen, wenn ein Kind sich beispielsweise täglich weigert, im Freien zu spielen, und diese Verweigerung Gruppenregelungen mit beeinflusst. Beispielsweise könnten Pädagoginnen und Kinder aushandeln, dass jedes Kind täglich 15 Minuten draußen gewesen sein muss. Oder aber es wird entschieden, den Wunsch von Kindern immer zu akzeptieren, wenn sie nicht im Freien sein wollen.
- Zweitens basiert die Partizipation von Kindern auf der Haltung, die ihnen entgegengebracht wird, wenn sie für sich Entscheidungen treffen. Erfährt z. B. ein Kind regelmäßig, dass es zu einer bestimmten Handlung überredet oder sogar gezwungen wird, kann dies negative Auswirkungen haben. Es kann dazu führen, dass ein Kind sich mit der eigenen Meinung zukünftig zurückhält. Oder aber es hält sich nur scheinbar zurück, sucht sich aber stattdessen indirekte Wege, um den eigenen Willen durchzusetzen. Erfährt es umgekehrt die Achtung seiner Bedürfnisse, wird es bestärkt, sich direkt zu äußern und kann diese Handlungsweise auch auf andere Situationen übertragen.

Doch wie erreicht man, dass Kinder innerhalb einer Gruppe gemeinsam mit den anderen Entscheidungen treffen? Wie sich in den späteren Kapiteln noch zeigen wird, führt Partizipation in Schulen auch zu Strukturen und Regeln. Diese muss ein Mitglied einer Gruppe erst verstehen, bevor es sich aktiv an deren Gestaltung beteiligen kann. Erst, wenn ein Kind die Erfahrung gemacht hat, dass über Regeln abgestimmt werden kann, wird es auf die Idee kommen, Regeln anzuzweifeln und neue Lösungen zu suchen. Dies fordert von Lehrkräften, den Kindern Mitbestimmungsmöglichkeiten transparent und verständlich zu machen.

Partizipation, die im Schulkontext stattfindet, steht dabei nie isoliert nur für sich. Hartmut von Hentig macht deutlich, welche Bedeutung Schulen innerhalb einer demokratischen Gesellschaft zukommt. Er beschreibt, dass man Demokratie zunächst innerhalb eines überschaubaren Kontextes erfahren und ver-

stehen muss, bevor man dazu in der Lage ist, Demokratie im Großen zu erkennen und zu nutzen (vgl. Hentig 2012, S. 191). Ein Leben innerhalb einer Demokratie ist ohne Partizipation nicht möglich. Letzten Endes besteht ein wechselseitiges Verhältnis zwischen Demokratie und Partizipation: Auf der einen Seite ist eine demokratische Grundeinstellung notwendig, damit Partizipation funktionieren kann und zu etwas Selbstverständlichem wird. Auf der anderen Seite schafft erst eine breit angewandte Partizipation eine lebendige Demokratie. Partizipation kann somit als Grundpfeiler der Demokratie bezeichnet werden.

1.2 Muss das sein? – Rechtliche Verankerung von Kinderpartizipation

Kinder zu beteiligen ist keine Kür, kein pädagogischer Trend, sondern eine Pflicht. Widmen Sie sich diesem Thema allerdings nur aus Pflichtgefühl, werden Sie nicht weit kommen. Partizipation ist in erster Linie eine Haltungsfrage, und Sie sollten nicht aus einem äußeren Zwang, sondern aus einer inneren Überzeugung heraus ins Handeln kommen. Dieses Unterkapitel dient dazu, Ihnen Hintergrundwissen zur rechtlichen Situation in Deutschland mitzugeben. Es soll Ihnen nicht vermitteln, dass es aufgrund der vorliegenden Gesetzestexte nur diesen einen richtigen Weg gibt, in den Sie – ob Sie wollen oder nicht – hineingezwängt werden.

Wie ist Kindermitbestimmung also in Deutschlands Schulen verankert? Das Recht auf Partizipation spiegelt sich nach und nach mehr in den Bildungs- und Lehrplänen der Länder wieder. Grundlage der Bildungspläne sind meistens die Regelungen, die im Sozialgesetzbuch (SGB) VIII sowie in den UN-Kinderrechtskonventionen festgehalten sind. Verschaffen wir uns zunächst einen allgemeinen Überblick über die Regelungen der einzelnen Bundesländer. Anschließend nehmen wir den Bildungsplan von Baden-Württemberg als eines der positiven Beispiele für die Verankerung von Kinderpartizipation genauer unter die Lupe.

Bildungs- und Lehrpläne in Deutschland

Bildungs- bzw. Lehrpläne sind in Deutschland Ländersache. Auch wenn die gesetzlichen Grundlagen sowie die bundesweiten Anforderungen durch die Bil-

dungsstandards der Kultusministerkonferenz von 2004 die gleichen sind und waren, findet man in den Bundesländern sehr unterschiedliche Bildungspläne.

Nach Begriffen wie Partizipation und Demokratie sucht man in den Bildungsplänen häufig vergeblich. Teilweise wird Kinderpartizipation als Querschnittsthema behandelt, also beispielsweise als pädagogische Basis für das alltägliche Handeln. Oder aber sie ist, beispielsweise in Sachkundestunden, als Unterrichtsinhalt vorgegeben. In diesem Kontext wird häufig vorgeschlagen, modellhaft Klassenregeln miteinander zu entwickeln, um demokratisches Handeln einzuüben (z. B. im Kernlehrplan Sachunterricht des Ministeriums für Bildung, Familie, Frauen und Kultur Saarland 2010, S. 20). In Bremen wird in den Leitlinien formuliert, dass die Kinder zunehmend Projekte in Selbstverantwortung übernehmen und eigene Fragestellungen verfolgen sollen (vgl. Landesinstitut für Schule Bremen, S. 11). Insgesamt scheinen dort die Erziehung zur Selbstständigkeit sowie eigene Themen der Kinder einen hohen Stellenwert einzunehmen. Um sich hinsichtlich der Möglichkeiten der Gestaltung eigener Lernprozesse inspirieren zu lassen, eignet sich der Bildungsplan 2011 von Hamburg (vgl. Freie und Hansestadt Hamburg, Behörde für Schule und Berufsbildung 2011).

Aufgrund seiner Ausführlichkeit und umfassenden Betrachtung von Partizipation wird auch der LehrplanPLUS 2014 von Bayern empfohlen (vgl. Bayerisches Staatsministerium für Bildung und Kultus, Wissenschaft und Kunst 2014). Dieser basiert auf den „Bayerischen Leitlinien für die Bildung und Erziehung von Kindern bis zum Ende der Grundschulzeit" – genauso wie der Bildungsplan für Kitas in Bayern (vgl. Bayerisches Staatsministerium für Arbeit und Sozialordnung, Familie und Frauen; Bayerisches Staatsministerium für Bildung und Kultus, Wissenschaft und Kunst 2014). Thematisiert werden unter anderem das pädagogische Grundverständnis, das zugrundeliegende Menschenbild sowie Partizipation als Recht von Kindern.

Bildungsplan in Baden-Württemberg

Auf den Bildungsplan in Baden-Württemberg soll detailliert eingegangen werden (Ministerium für Kultus, Jugend und Sport Baden-Württemberg 2016). In Bezug auf Kinderpartizipation bietet er viele interessante Facetten für die Ar-

beit an Schulen, die Sie im Folgenden aufgeführt finden. 2016 veröffentlicht, zeichnet er sich durch das durchgängige Konzept von der Vorschule bis in die Sekundarstufen aus. Aufbauend auf den Erkenntnissen aus der Umsetzung des Bildungsplans von 2004 wurde die Kompetenzorientierung weiterverfolgt.

In der Einführung in den Bildungsplan, verfasst von Hans Anand Pant, wird betont, dass die Entwicklung der Kinder in den Mittelpunkt des Handelns in der Grundschule zu stellen und die Lernstandserhebung diesem Ziel unterzuordnen sei (vgl. Pant 2016, S. 12).

Besondere Erwähnung finden bei Pant Demokratieerziehung, Friedensbildung und kulturelle Bildung, die Schullernen mit dem Leben außerhalb des Schulgebäudes verbinden. Herausgearbeitet wird das Bild einer partizipativ gestalteten Schule, die ein Ort gelebter Demokratie sein kann – von der Gestaltung von Lernprozessen bis hin zur Entwicklung einer entsprechenden Schulkultur.

> *Die Schule soll ein Gelegenheitsraum für gelebte Demokratie sein, eine Kultur der Konfliktlösung im schulischen Alltag aufweisen und darauf ausgerichtet sein, Lernprozesse partizipativ zu gestalten. (...) Wichtige Aspekte für die schulische Arbeit sind hierbei, dass demokratisches Verständnis über persönliche Erfahrung und das eigene Handeln entwickelt wird und dass Demokratieerziehung als Aufgabe aller Fächer verstanden wird." (Hans Anand Pant, Einführung in den Bildungsplan 2016, Landesinstitut für Schulentwicklung, Baden-Württemberg, S. 12)*

Pant verweist an dieser Stelle auf den Beschluss der Kultusministerkonferenz von 2009, in der gefordert wird, die Demokratieerziehung zu stärken.

Die Leitperspektiven

Im Bildungsplan Baden-Württemberg wurden sechs Leitperspektiven festgelegt – prozessbezogene sowie themenspezifische.

Die drei prozessbezogenen Leitperspektiven sind nicht einzelnen Schulstufen zugeordnet, sondern sollen linear weiterentwickelt werden. Im Gegensatz dazu sind die drei themenspezifischen Leitperspektiven jeweils innerhalb von zwei Jahren in konkreten Fächern umzusetzen.

Pant betont, dass die überfachlichen Leitperspektiven nicht hinter den fachlichen Inhalten zurückstehen, sondern einen gleichwertigen Stand im schulischen Alltag erhalten sollen (vgl. Pant 2016, S. 12). Das kommt dem Wunsch nach mehr Beteiligung von Kindern zugute. Denn besonders in den prozessbezogenen Leitperspektiven nimmt die Partizipation von Kindern eine wichtige Position ein.

Einige der relevanten Punkte aus den Leitperspektiven sind folgende:

- **Bildung für nachhaltige Entwicklung (BNE)**
  Kindern und Jugendlichen werden die eigenen Einflussmöglichkeiten im eigenen Leben verdeutlicht – im Sinne eines verantwortungsvollen Umgangs mit der Welt. Es wird gleichermaßen Fachwissen vermittelt wie dabei unterstützt, ein Wertesystem auszubilden. Bei den Begriffskonkretisierungen finden Mitbestimmung und Demokratiefähigkeit Erwähnung.
- **Bildung für Toleranz und Akzeptanz von Vielfalt (BTV)**
  Um Vielfalt zu tolerieren und zu akzeptieren, werden Kinder in ihrer Selbstfindung unterstützt. Sie setzen sich mit den Werten anderer auseinander, werden sich ihrer eigenen Werte bewusst und lernen nach diesen zu handeln. Sie erfahren, wie Konflikte gelöst werden können und wie sie auf die Interessen anderer sowie auf Minderheiten Rücksicht nehmen. Menschenrechte werden versteh- und erlebbar.
- **Prävention und Gesundheitsförderung (PG)**
  Kinder lernen, sich selbst zu regulieren, Probleme zu lösen, anderen mit Wertschätzung zu begegnen und sich an eigenen Ressourcen zu orientieren. Ziel ist es, die Schutzfaktoren der Kinder zu stärken und sie zu befähigen für sie anstehende Entwicklungsschritte erfolgreich zu bewältigen.
  Um die gewünschten Lernerfolge zu erreichen, müssen Lehrkräfte Kindern angemessene Freiräume lassen, damit die Kinder sich als selbstwirksam erleben können.
- **Berufsorientierung (BO)**
  Zentral für die Berufsorientierung ist die Eigenaktivität und Selbstbestimmung von Kindern. Kinder benötigen ein Gespür für ihre Fähigkeiten, Kompetenzen und Interessen, um eine Idee zu entwickeln, wie sie sich ihre berufliche Zukunft vorstellen.

Die Leitprinzipien finden sich in den konkreten Umsetzungsbeispielen – den Beispielscurricula – wieder. Es wird erläutert, wie die jeweiligen prozess- und themenspezifischen Prinzipien zum Tragen kommen.

Diese Beispiele gibt es für jedes Fach, begleitet von den jeweiligen Leitgedanken.

Beispielcurricula im Bildungsplan

Der Bildungsplan Baden-Württembergs liefert neben den allgemeinen fachlichen Erläuterungen immer auch konkrete Anwendungsbeispiele, innerhalb derer zu erkennen ist, dass Kinder als Partizipierende tatsächlich konsequent in der Umsetzung mitgedacht werden.

In den Leitgedanken des Faches „Bewegung, Spiel und Sport" heißt es im Absatz „Mitwirkung" (S. 8) beispielsweise:

> *„Altersangemessene Handlungs- und Entscheidungsspielräume für die Schülerinnen und Schüler sowie Offenheit und Improvisation im Bewegungs-, Spiel- und Sportunterricht sind Unterrichtsprinzipien, die nicht im Widerspruch zu den Ansprüchen von Planmäßigkeit und Effektivität stehen. Innerhalb notwendiger Grenzen sollen Raum und Zeit für spontanes Handeln, für Mitbestimmung bei der Unterrichtsgestaltung, für Einfälle und Improvisationen im Schulsport bleiben. Darüber hinaus ist es unerlässlich, die Schülerinnen und Schüler systematisch zum verantwortlichen Helfen und Mitwirken zu befähigen (zum Beispiel Auf- und Abbau von Geräten und Stationen, Messen, Helfen und Sichern)." (Amtsblatt des Ministeriums für Kultus, Jugend und Sport Baden-Württemberg: Bildungsplan der Grundschule. Bildungsplan 2016. Fachplan Bewegung, Spiel und Sport, S. 10)“*

Partizipation als durchgängiges Prinzip des Bildungsplans in Baden-Württemberg

Zusammenfassend kann gesagt werden, dass Partizipation in Baden-Württembergs Schulen durch den Bildungsplan gestärkt wird. Er nimmt den § 1, Absatz 2 des Schulgesetzes des Landes ernst, in dem die Förderung der Eigenverantwortung und die Persönlichkeitsentwicklung als allgemeine Ziele von Bildung und Erziehung gesetzt werden.

Dass sich Partizipation als roter Faden durch den ganzen Bildungsplan zieht, zeigt sich bereits daran, wie er erarbeitet wurde: Einbezogen wurden verschiedenste Personengruppen, die mit ihren unterschiedlichen Blickwinkeln ein abgerundetes Ganzes konzipierten.

Der Bildungsplan lässt diejenigen, denen Kinderpartizipation ein Anliegen ist, positiv in die Zukunft blicken, da er Partizipation nicht auf einen Unterrichtsinhalt reduziert, sondern viel mehr versucht, Partizipation auf allen Ebenen und für alle Beteiligten in der Schule erfahrbar zu machen.

Letzten Endes ist es nun Aufgabe der Lehrkräfte, das Gleichgewicht zwischen inhalts- und prozessbezogenen Kompetenzen herzustellen und der partizipativen Grundhaltung Leben einzuhauchen.

Was sagt der Kinderreport?

Wie bereits geschrieben: Bei weitem nicht alle Bildungspläne in Deutschland widmen sich der Kinderpartizipation in dieser Ausführlichkeit. Wie ist es in Ihrem Bundesland?

Im jährlich erscheinenden Kinderreport des Deutschen Kinderhilfswerks wird dargestellt, wie Kinder und Eltern die Umsetzung der Kinderrechte beurteilen.

Die befragten Kinder und Jugendlichen wünschen sich mehr Partizipationsräume, insbesondere in den Schulen und in der Familie (vgl. Deutsches Kinderhilfswerk e. V. 2018, S. 36 ff.). Als „sehr wichtig" oder „wichtig" beurteilen 96 % der Kinder und Jugendlichen, dass in Schulen mehr Mitsprache möglich ist als bisher. Diese Meinung unterscheidet sich deutlich von der der Erwachsenen, die mehr Mitbestimmung seltener als „sehr wichtig" beschreiben. Dies zeichnet sich auch in anderen Lebensbereichen von Kindern ab. Erfreulich ist, dass in diesem Jahr mehr Erwachsene Kindermitbestimmung relevant finden als in den Vorjahren. Trotzdem wird deutlich, dass Kinder einen viel höheren Nachholbedarf sehen als Erwachsene. Dabei ist gerade die Partizipation einer der essenziellen Pfeiler für die Umsetzung von Kinderrechten. Auf dem Weg zu einer selbstverständlichen und flächendeckenden Umsetzung der Beteiligungsrechte von Kindern bleibt noch viel zu tun.

1.3 Partizipation ist nicht gleich Partizipation – Stufen der Beteiligung

Partizipation ist nicht gleich Partizipation. Viele Unterschiede lassen sich feststellen, wenn es darum geht, inwiefern Kinder an Entscheidungen wirklich teilhaben. In manchen Situationen dienen Kinder v. a. als Aushängeschild oder Dekoration, in anderen dürfen sie tatsächlich mitentscheiden (vgl. Portmann 2001, S. 94).

Roger Hart, ein US-amerikanischer Psychologe, hat 1992 Intensitätsstufen für Partizipation definiert. Die Erweiterung des Modells, die 1995 der deutsche Pädagoge Richard Schröder vollzogen hat, lässt sich folgendermaßen zusammenfassen (vgl. Schröder 1996, S. 29):

Scheinpartizipation

Auch wenn manches Verhalten auf den ersten Blick wie ein partizipatives wirkt, wird auf den zweiten klar, dass es sich lediglich um Scheinpartizipation handelt. Schröder bezeichnet die unterschiedlichen Formen als

- Fremdbestimmung,
- Dekoration,
- Alibi-Teilnahme.

Gar nicht aktiv sind Kinder bei der Fremdbestimmung. Von Dekoration ist beispielsweise die Rede bei Politikerinnen, die in der Öffentlichkeit Kinder nach ihrer Meinung fragen, um sich als kinderfreundlich darzustellen, die Meinungen aber im Nachhinein ignorieren. Um eine Alibi-Teilnahme handelt es sich, wenn Kinder in einer Schule zu einer Sitzung der Lehrerinnen eingeladen werden, ohne die Ergebnisse der Sitzung selbst beeinflussen zu können.

Echte Beteiligung

Formen von Beteiligung sind möglich, auch wenn Kinder selbst kaum eigenständig handeln. Es zählt bereits als Beteiligung, wenn Kinder über aktuelle Planungen informiert werden bzw. wenn sichergestellt wird, dass sie Zugang zu Wissen bekommen.

Auch wenn Kinder kein Entscheidungsrecht haben, können sie an Prozessen beteiligt werden. Beispiele für eine solche Mitwirkung von Kindern sind Meinungsabfragen über Interviews oder auch Fragebögen.

Ein Recht, Entscheidungen direkt zu beeinflussen, tritt erst bei der Mitbestimmung in Kraft. Dabei legen Erwachsene einen Rahmen fest, treffen dann aber mit den Kindern zusammen die Entscheidungen. So kann eine Schulleitung beispielsweise beschließen, dass das Außengelände neu gestaltet werden soll. Hierbei haben Kinder noch keine Mitsprache. Allerdings werden die Entscheidungen, welche Spielgeräte angeschafft werden, mit den Kindern zusammen abgestimmt.

Ein weiterer Schritt ist die Selbstbestimmung der Kinder. Selbstbestimmt sind Kinder, wenn sie eigene Ideen in die Tat umsetzen wollen und dürfen. Erwachsene bieten ihnen durch die Mitgestaltung der Ideen Unterstützung an.

Die höchste Stufe von Partizipation ist laut Schröder die Selbstverwaltung. Die Entscheidungsgewalt liegt hierbei ausschließlich bei den Kindern. Erwachsene werden lediglich einbezogen, wenn die Kinder dies wünschen. Da es in diesem Schritt nicht mehr um ein gemeinsames Wirken von Kindern und Erwachsenen geht, kann man sich allerdings streiten, ob die Selbstverwaltung überhaupt noch Partizipation im ursprünglichen Sinne ist.

Grundsätzlich gilt es, sich dieser unterschiedlichen Niveaustufen von Partizipation bewusst zu sein:

- Information,
- Mitwirkung,
- Mitbestimmung
- Selbstbestimmung
- Selbstverwaltung

Ziel soll nicht sein, dass man sich in der Arbeit mit Kindern immer auf einer möglichst hohen Stufe befindet. Vielmehr soll überlegt werden, welche Stufe wofür realistisch ist und aus welchem Grund man sich beispielsweise dafür entscheidet, Kinder über Ergebnisse zu informieren statt sie bei Prozessen mitwirken zu lassen.

2 Viele Wege führen zur Partizipation – Beispiele aus der Praxis und für die Praxis

Innerhalb eines Schultages gibt es unzählige Situationen, auf die man bezüglich der Partizipation von Kindern achten kann. Diesen nähern wir uns Stück für Stück an. Im ersten Teil des Kapitels geht es darum, Grundlagen für Partizipation in einer Schule aufzubauen und den Alltag unter die Lupe zu nehmen. Im zweiten werden ganz konkrete Anregungen für die Praxis aufgezeigt: Tagesabläufe, Räume, Regeln – alles können Sie daraufhin untersuchen, wie partizipativ Sie bereits arbeiten und was darüber hinaus noch möglich ist.

Da jede Schule anders strukturiert und organisiert ist, jede andere Räume hat, überall andere Menschen lehren und lernen, ist es nicht das Ziel, dass Sie die Ideen alle 1:1 umsetzen. Es wird Beispiele geben, die Sie für realisierbar halten, aber auch solche, die in Ihrer Schule nie verwirklicht werden. Es wird Vorschläge geben, die Sie alleine umsetzen können, und andere, für die Sie auf eine gemeinsame Marschrichtung Ihres Teams angewiesen sind. Manches erscheint Ihnen als zu großer Schritt und Sie schrecken davor zurück? Gehen Sie

in diesem Fall Ihrem Widerwillen und Ihrem Zweifel auf den Grund, versuchen Sie jedoch nicht, sich zu etwas zu zwingen, was Sie eigentlich (noch) nicht umzusetzen bereit sind. Und machen Sie nicht den Fehler, sich durch einen Vergleich von staatlichen und privaten Schulen demotivieren zu lassen. In Privatschulen sind die Akteurinnen freier in ihrem Handeln und können Veränderungen schneller und effektiver anstoßen als dies in Regelschulen möglich ist. Und seien Sie statt einer passiven Kritikerin lieber aus eigener Initiative heraus Vorreiterin auf dem Weg zu einer neuen Schul- und Lernkultur. Welche Ideen sprechen Sie am meisten an? Lassen Sie sich davon leiten, wo Sie besonders viel Energie verspüren. Hier wird Ihr Engagement schnell Früchte tragen.

2.1 Wir wollen uns auf den Weg machen! Aber wie?

Eine Fortbildung, der Austausch mit anderen Schulen, neue Bildungspläne, das Lesen eines Fachartikels oder eines neu erschienenen Buchs, neue Personen im Kollegium – oftmals sind es solche Situationen oder Ereignisse, die in einer pädagogischen Einrichtung dazu anregen, sich Gedanken über die eigene pädagogische Arbeit zu machen. Immer häufiger taucht dabei in den letzten Jahren die Mitbestimmung von Kindern als Thema auf, dem sich verschiedenste Institutionen, von Kitas über Schulen bis hin zu Kinderheimen und der familienaufsuchenden Hilfe, verstärkt widmen wollen. Doch wie sehen erste Schritte aus, um eine Schule partizipativer zu machen?

Nachdem im einführenden Kapitel erläutert wurde, dass Kinder ein Recht auf Mitbestimmung haben, richten wir unsere Aufmerksamkeit im nächsten Abschnitt auf Motive für Kinderbeteiligung (2.1.1). Bereits angedeutet wurde außerdem, dass Partizipation nicht nur passende Methoden benötigt, sondern eine „richtige" Haltung unerlässlich ist. Was das genau bedeutet, wird im Abschnitt 2.1.2 erklärt.

Darauf aufbauend erhalten Sie konkrete Tipps, wie Sie an Handlungsmustern arbeiten und diese weiterentwickeln können (2.1.3). Hierbei spielt nicht nur Ihre, sondern auch die Haltung des Kollegiums eine Rolle. Ziel ist eine langfristige Verankerung von Partizipation an Ihrer Schule. Ein pädagogischer Tag kann als Initiator für das Gesamtteam dienen. Der beispielhafte Ablauf hilft bei der

Planung, damit ein solcher Tag nachhaltig wirkt.

Alle die neu angestoßenen Prozesse heißt es immer wieder zu reflektieren. Im Abschnitt 2.1.4 gibt es konkrete Ideen, wie Sie die Reflexion methodisch in Ihren Alltag integrieren. Abschließend widmen wir uns Schulverfassungen – ein Instrument, mit dem Partizipation strukturell in Ihrer Einrichtung verankert werden könnte (2.1.5).

2.1.1 Warum machen wir das? – Gründe für Partizipation in der Schule

Methoden, wie Kinder partizipieren können, gibt es viele. Kinder stimmen ab, diskutieren, finden eigene Regeln. Doch was passiert mit den Methoden, wenn Pädagoginnen keine partizipative Haltung haben? Schnell wird Beteiligung dann zu einer Scheinbeteiligung (siehe S. 18), wobei – bewusst oder unbewusst – die Entscheidungen im Grunde genommen doch von den Erwachsenen getroffen werden. Die folgenden Aussagen von Lehrkräften machen dies deutlich:

Dass es eine SMV geben muss, ist keine Frage. Fasching wird immer von den Kindern vorbereitet. Das würden wir Lehrer gar nicht alleine schaffen. Die SMV muss nicht viel planen. Sie setzt das Konzept um, das es schon gibt. Dadurch wissen wir schon, was für Kosten wir einplanen müssen. Manchmal kommen auch neue Ideen. Dafür ist im Schulalltag normalerweise nicht genug Zeit. Aber das ist kein Problem. Es ist nicht so schwierig, die Kinder davon zu überzeugen, dass es die Jahre davor immer toll war und es keine Änderung braucht.

Zum Schuljahresbeginn wählt jede Klasse immer ihre Klassensprecherinnen und Klassensprecher. Ich finde die Aufgabe sehr wichtig. Wenn ich Kinder für geeignet halte, frage ich sie, ob sie sich wählen lassen wollen. Wenn sie ‚Nein' sagen, frage ich ein paar Tage später wieder. Nicht lockerlassen, wenn man weiß, was das Beste für die Kinder ist! Wahrscheinlich fehlt ihnen ja nur das Selbstbewusstsein und da kann ich nachhelfen.

Es freut mich, wenn Kinder stolz darauf sind, was sie für Lösungen gefunden haben. Wenn mich Kolleginnen beeindruckt fragen, wie sie das hinbe-

kommen haben, verrate ich ihnen natürlich, dass viele Lösungen von mir waren. Aber die Kinder sollen ruhig denken, dass sie es selbst geschafft haben. Dann setzen sie die Ideen auch besser um und fühlen sich wichtig.

Unterstellt werden kann den Lehrkräften eine gute Absicht. Sie wollten den Kindern das Gefühl geben, das soziale Miteinander sowie die Gestaltung ihrer Umgebung beeinflussen zu können. Allerdings wird mehr als klar, dass es hier nicht darum ging, die Meinung der Kinder in den Entscheidungsprozess einfließen zu lassen. Entscheidungen waren in diesen drei Fällen offensichtlich längst gefallen. Bei der Umsetzung der Faschingsfeier, der Klassensprecherinnenwahl und beim Finden von Lösungen ging es vielmehr darum, Kindern die Erwachsenenideen als deren eigene zu verkaufen. Doch welches Ziel haben die Pädagoginnen dabei verfolgt? Ging es darum, dass sich die Kinder verbundener mit der Schule fühlen? Sollten Kinder lernen zu diskutieren und abzustimmen? Ist die Mitbestimmung von Kindern gerade so populär, dass die Pädagoginnen diese ermöglichen wollten, ohne allerdings zu reflektieren, was ernsthafte Beteiligung überhaupt bedeutet?

Partizipation als Frage der Haltung

Kinder sind Träger eigener Rechte. Es geht hierbei nicht darum, dass Rechte Schwarz auf Weiß in Gesetzestexten zu finden sind, sondern darum, Kinder als eigenständige Individuen ernst zu nehmen, zu deren Rechten es gehört, über das eigene Leben zu bestimmen. Dieses Recht ist auch dann nicht einzuschränken, wenn Erwachsene den Eindruck haben, selbst besser zu wissen, wie eine Lösung auszusehen hat. **Wird Partizipation als menschliches Grundrecht betrachtet, dann ist Partizipation in erster Linie eine Haltung anderen Menschen – auch Kindern – gegenüber.** Hierzu gehört es, alle Menschen – auch Kinder – als zur Partizipation fähig zu betrachten und ihnen den Willen zur Mitbestimmung zu unterstellen. Erst in einem zweiten Schritt geht es um die Überlegung, wie man passende Rahmenbedingungen schaffen kann, damit Kinder selbst zu Entscheidungen finden können. Ist einer Pädagogin Kinderpartizipation aus diesen Gründen wichtig, kann man auch davon sprechen, dass sie von **haltungsbasierenden Motiven** geleitet wird. Entsprechend dieser Grundsätze beschreibt eine Kitapädagogin ihre Haltung folgendermaßen:

Partizipation ist ein Grundbedürfnis eines jeden Menschen, und Kinder sind genauso Menschen wie Erwachsene. Sich einbringen, sein Leben selbst gestalten wollen, eben auch sein Leben, das es hier in der Kita zum Großteil verbringt, mitzubestimmen. Nur weil ich erwachsen bin, habe ich nicht immer recht. Aus meinen Erfahrungen heraus kann ich vielleicht sagen, was vielleicht schief geht, aber trotzdem muss ich ein Kind leben lassen, wie es das will.

Partizipation zum Kompetenzerwerb

Um in unserer Gesellschaft bestehen zu können, braucht es einige Kompetenzen. Eine Schule hat einen Bildungsauftrag, der beinhaltet, dass Kinder ebensolche Kompetenzen erwerben können. Lernen Kinder in einer Schule, an Entscheidungen teilzuhaben, haben sie die Möglichkeit verschiedenste Kompetenzen zu erwerben. Um zu partizipieren, müssen Kinder ihre Meinung äußern, diskutieren, abstimmen können. Sie müssen lernen, sich auf andere einzulassen, damit zurechtkommen, wenn anders entschieden wird, wie selbst gewünscht. Und nicht nur Bildungspläne, sondern auch Eltern tragen solche Anforderungen an eine Schule heran.

Verfolgt man Kinderpartizipation aus diesen Motiven, geht es also darum, Kinder auf das Leben in einer demokratischen Gesellschaft vorzubereiten. Diese Gründe lassen sich auch als **kompetenzorientierte Motive** bezeichnen.

Partizipation für eine gute Gemeinschaft

Fragt man Pädagoginnen nach Gründen, die für die Partizipation von Kindern sprechen, werden häufig welche genannt, die über die der Rechte sowie des Kompetenzerwerbs hinausgehen. Sie sprechen davon, dass Kinder sich in der Gemeinschaft wohler fühlen, wenn sie selbst über ihr Leben in der Schule entscheiden dürfen. Sie fühlen sich mit der Einrichtung verbunden. Kinder nehmen Entscheidungen ernster und halten sich besser an Regeln, wenn sie sie selbst festgelegt haben. Das Schulleben wird unkomplizierter, wenn auch die Kinder sich verantwortlich fühlen, als wenn die Pädagoginnen alleine alles im Blick haben müssen. Der Alltag gestaltet sich bunter, abwechslungsreicher und macht mehr Freude. Der Kontakt zwischen Kindern und Pädagoginnen wird intensiver, wenn Kinder sich ernst genommen fühlen.

Es geht also darum, sich als Gemeinschaft zu verstehen und jedes einzelne Mitglied in dieser Gemeinschaft zu achten und zu berücksichtigen, um eine entsprechend positive Atmosphäre zu erreichen. Es handelt sich also um **gemeinwohlorientierte Motive**.

Die Zitate, mit denen das Kapitel eingeleitet wurde, lassen vermuten, dass die Pädagoginnen v. a. kompetenzorientierte Motive mit Kinderpartizipation verfolgen. Auch der Wunsch nach einem guten Gemeinschaftsleben dürfte eine Rolle gespielt haben. Haltungsbasierende Motive, wie oben beschrieben, würden es aber verbieten, Kinder so zu beeinflussen, dass sie die Meinung der erwachsenen Beteiligten übernehmen, statt sich ihre eigene zu bilden.

Auch wenn eine Schule einen Bildungsauftrag zu erfüllen hat – ernstgemeinte Partizipation setzt immer die verinnerlichte Haltung bei Lehrkräften voraus, dass Kinder das Recht auf Beteiligung haben und dieses Recht unantastbar ist. Ohne diese Haltung anderen Menschen gegenüber bleibt Partizipation nur eine scheinbare.

Neben der Grundhaltung ist außerdem das Verständnis wichtig, was Partizipation im Kern eigentlich bedeutet, – vorhandene Machtstrukturen aufzubrechen, zu hinterfragen und bewusst damit zu agieren. Das ist Thema des nun folgenden Abschnitts.

2.1.2 Partizipation – eine Frage der Macht

Bereits zu Beginn des Buches wurde definiert, was Kinderpartizipation ist: die Abgabe von Macht an Kinder, um ihnen die Möglichkeit zu geben, für sich oder die Gruppe Entscheidungen zu treffen und gemeinsam Problemlösungen zu erarbeiten. Es scheint zunächst einfach, den Begriff zu verstehen. Ganz zentral ist, dass Partizipation von den Beteiligten erfordert, Entscheidungsgewalt zu teilen. Wollen Erwachsene Kinder beteiligen, müssen sie ihre eigene Macht mit den Kindern teilen. Dazu muss zunächst ein Bewusstsein über Machtverhältnisse vorhanden sein. Nachgefragt, was Partizipation mit Macht zu tun hat, erhält man häufig einen überraschten Blick als Antwort und Reaktionen wie diese:

Ich finde nicht, dass Macht für Partizipation eine große Rolle spielt. Es hat irgendwie schon damit zu tun, aber gleichzeitig widerspricht es sich auch ein bisschen.

Häufig ist das fehlende Verständnis des Zusammenhangs Ursprung für Probleme bei der Umsetzung von Kinderpartizipation. Aber warum ist Macht im pädagogischen Kontext kaum ein Thema? Oder aber ein Thema, das verleugnet wird, weil es ein Unwohlsein hervorruft? Wie kann Macht definiert werden? Und wie äußert sie sich in Schulen konkret? Diese Fragen werden auf den kommenden Seiten beantwortet.

Vor den allgemeinen Ausführungen über Macht soll gesagt sein, dass Schule eine Umgebung ist, in der ganz spezielle Abhängigkeitsverhältnisse vorliegen. Bereits Zensuren sind ein einflussvolles Machtinstrument, das aus der Schule nicht wegzudenken ist. Und mit Blick auf die heterogenen Bedürfnisse, die von den vielen Akteurinnen in der Schule an Sie herangetragen werden, ist es kein Wunder, dass auch Sie vielleicht lieber an Ihrer Macht festhalten. Schließlich gibt dies das Gefühl, alle Fäden in der Hand zu behalten – was ja eine der vielen Anforderungen an Sie ist. Es hat bis zu einem gewissen Punkt seine Berechtigung, dass Machtstrukturen gelebt werden. Das werden die folgenden Ausführungen verdeutlichen. Versuchen Sie sich trotzdem darauf einzulassen, den Status quo zu hinterfragen. Vielleicht finden Sie für sich einen neuen Umgang mit ihrer eigenen Rolle. Und bevor Sie sich Sorgen machen, dass Sie ab sofort all Ihre Macht abgeben sollen, lesen Sie Kapitel 3.3, in dem auf die notwendigen Grenzen von Partizipation eingegangen wird.

Was genau bedeutet nun Macht? Macht ist ein oftmals negativ konnotierter Begriff. Gerade vor dem Hintergrund der deutschen Geschichte ist dies auch nachvollziehbar. Die Philosophin Hannah Arendt definiert Macht jedoch als positiv und beschreibt sie als notwendig innerhalb einer Gesellschaft (vgl. Arendt 1998, S. 12 f.; Arendt 1999, S. 251 ff.). Vor allem in ihren Werken „Vita activa oder Vom tätigen Leben" von 1958 sowie „Macht und Gewalt", 1970 erschienen, findet man die Auseinandersetzung Arendts mit der Thematik der Macht. Außergewöhnlich ist die **Abgrenzung der Macht von der Gewalt**, die den positiven Machtbegriff Arendts nochmals verdeutlicht.

Macht gibt es laut Arendt, sobald Menschen miteinander in Aktion treten, in Form eines „Handlungspotenzials“: Die gesamte Gruppe hat Macht, die sie wiederum einzelnen Personen übertragen kann, um auf diese Weise besser agieren zu können. Handelt die mächtige Person entgegen dem Willen der Gesamtgruppe, kann ihr die Macht wieder entzogen werden. Macht entsteht laut Arendt also, sobald mehrere Menschen mit gleichen Zielen zusammentreffen. Und sie ist nötig, um zu handeln.

Arendts Machtbegriff lässt sich natürlich nicht direkt auf die Schule übertragen, da hier die Rahmenbedingungen andere sind: Pädagoginnen tragen Verantwortung für Kinder, die aufgrund der Schulpflicht innerhalb der Schule zusammenkommen. Die Gruppe bildet sich also nicht durch gemeinsame, intrinsisch motivierte Ziele. Trotzdem gibt es ein Machtverhältnis zwischen Lehrkräften und Kindern. Die sichtbarste Ausübung von Macht besteht in Schulen in der Vergabe von Noten.

Doch schaut man genauer hin, gibt es weitere Aspekte von Macht. Sie entsteht beispielsweise durch einen Vorsprung an Wissen und Erfahrung (vgl. Richter 2007, S. 41 ff.). Aber auch die Zuneigung von Kindern Erwachsenen gegenüber sowie die als selbstverständlich hingenommenen Hierarchien innerhalb einer pädagogischen Institution tragen dazu bei, dass Pädagoginnen mächtig sind (vgl. Hansen, Knauer, Sturzenhecker 2011, S. 30 ff.). Gerade die Verantwortung, die Pädagoginnen aus ihrer Rolle heraus für Kinder haben, rechtfertigt zunächst die Ausübung von Macht. Hansen, Knauer und Sturzenhecker gliedern Macht innerhalb von Kitas in vier Ausübungsbereiche (vgl. Hansen, Knauer, Sturzenhecker 2011, S. 28 ff.). Diese können auf die Schule gut übertragen werden.

- **Handlungs- und Gestaltungsmacht:** Eingriffe in die soziale sowie materiale Umgebung innerhalb der Schule, etwa die Vorgabe des pädagogischen Konzeptes und des damit zusammenhängenden Tagesablaufs.
- **Verfügungsmacht:** Bestimmungen hinsichtlich Ressourcenzugriff und -nutzung wie z. B. das Anschaffen neuer Spielsachen für die Pausenzeiten oder das Wegsperren von wertvollen Materialien.

- **Definitions- und Deutungsmacht:** Pädagoginnenmeinung hat Einfluss auf die Meinung der Kinder oder dominiert diese sogar, z. B. durch das normative Benennen von gutem und falschem Handeln.
- **Mobilisierungsmacht:** Mobilisierung der Kinder für die eigene Meinung, z. B. indem bestimmte Lösungen besonders hervorgehoben werden.

Erwachsene haben also Macht über Kinder, die über die Verantwortung für die Kinder in ihrer Obhut hinausgeht. **Erst wenn Erwachsene verstanden haben, dass sie bewusst Macht abgeben müssen und sie auch dazu bereit sind, können sich Kinder ernsthaft beteiligen.** Wenn dies nicht der Fall ist, ist Partizipation der Willkür von Lehrerinnen unterworfen. So kommt es zu Situationen wie den weiter oben geschilderten (siehe S. 22 f.).

Schauen wir uns das Beispiel mit der Faschingsfeier unter dem Aspekt der Machtausübung und den Motiven noch einmal genauer an.

Die SMV darf bei der Faschingsfeier „mitwirken". Allerdings ist für Ideen der Kinder kein Platz. Sie werden von der Lehrerin vor allem als ausführende Kräfte gesehen, die genau das tun, was von ihnen erwartet wird. Der Lehrerin ist es anscheinend wichtig, den Kindern das Gefühl von Beteiligung zu geben, sie kommuniziert aber die Grenzen der Mitbestimmung nicht transparent. Man könnte ihr gemeinwohlorientierte Motive für Partizipation unterstellen (siehe S. 25).

Sie nutzt die Mobilisierungsmacht und beeinflusst die Kinder, indem sie ihnen das Konzept der letzten Jahre schmackhaft macht und dadurch neue Ideen auf die Seite drängt. Die Handlungs- und Gestaltungsmacht spielt ebenfalls eine Rolle, da es scheinbar nicht zur Diskussion für die Kinder stand, ob überhaupt eine Faschingsfeier veranstaltet wird. Die Pädagogin nutzt ihre Verfügungsmacht, da sie die Finanzen alleine im Blick hat. Lobt die Lehrerin bestimmte Ideen der Kinder außerdem besonders, während sie andere vielleicht vernachlässigt, nutzt sie zuletzt auch die Definitions- und Deutungsmacht.

Um Scheinpartizipation zu vermeiden, muss also Macht bewusst abgegeben werden. Wichtig ist hierbei eine realistische Einschätzung von Grenzen. In den Praxisbeispielen im Abschnitt 2.2 wird des Öfteren auf mögliche Grenzen in

der Umsetzung von Partizipation hingewiesen, Kapitel 3.3 fasst das Wichtigste hierzu nochmals zusammen.

2.1.3 Änderungen im Handeln ins Rollen bringen

Alleine mit einem guten Vorsatz kann es nicht gelingen, eine Verhaltensweise, die sich über viele Jahre hinweg manifestiert hat, zu ändern. Diethelm Wahl spricht in diesem Kontext von „subjektiven Theorien", die bearbeitet werden müssen (vgl. Wahl 2006, S. 9 ff.). **Subjektive Theorien** sind vereinfacht gesagt das Weltbild bzw. die Einstellung einer Person, die sie sich im Laufe ihres Lebens angeeignet hat. Zwar kann man sich immer neues Wissen aneignen, aber gerade in Stresssituationen kann man dieses neuere Wissen nur mühsam abrufen und handelt eher nach alten Mustern. Wahl fand heraus, dass subjektive Theorien extrem stabil und selbst dann kaum veränderbar sind, wenn die Bemühungen, eine Änderung mittels einer Aus- oder Weiterbildung zu erreichen, sehr groß sind (vgl. Wahl 2006, S. 12). Durch die eigene Biografie haben Menschen Reaktionen erlernt, die sich bisher bewährt haben und denen auch neue wissenschaftliche Erkenntnisse nichts anhaben können. Nichtsdestotrotz ist es natürlich möglich, sein Verhalten zu ändern. Wahl schlägt dafür die beiden Schritte der **Situationsorientierung** und der **Aktionsplanung** vor.
Durch die Beschäftigung mit Kinderpartizipation wird sich vielleicht auch bei Ihnen der Wunsch entwickeln, Ihr eigenes Handeln bzw. das innerhalb des Kollegiums zu verändern. Deswegen widmen wir eine erste Situationsorientierung Ihrem eigenen Verhalten, um daraufhin zu sehen, wie subjektive Theorien innerhalb eines Kollegiums bearbeitbar werden.

Eigene Handlungsmuster erkennen und verändern

1. Schritt: Situationsorientierung (SO)
Bevor es mit den Veränderungen losgehen kann, müssen Sie zunächst wissen, was Sie genau anstreben. Werden Sie sich der aktuellen Situation bewusst. Diese Fragen können Ihnen dabei helfen:

- Warum setzen Sie sich mit dem Thema „Partizipation von Kindern" auseinander? Verfolgen Sie haltungsbasierende, kompetenz- oder gemeinwohlorientierte Motive?

- Wie handeln Sie aktuell in Bezug auf Kinderpartizipation?
- Womit sind Sie bereits zufrieden?
- In welchen Situationen würden Sie gerne anders reagieren?
- Welche Machtbereiche können Sie mit gutem Gefühl auflösen? Wann wollen Sie Partizipationsgrenzen setzen?
- Wie gestalten sich die Rahmenbedingungen, in denen Sie arbeiten?
- Was beeinflusst Sie in Ihrem Verhalten?

Versuchen Sie, sich möglichst detailliert damit zu beschäftigen. Je genauer Sie die Situation im Blick haben, umso realistischer können Sie im nächsten Schritt planen, wie Sie sich zukünftig verhalten wollen.

2. Schritt: Aktionsplanung (AP)

Auf die Situationsorientierung folgt die Aktionsplanung mit folgenden Teilschritten:

- Ziele formulieren
- Neue Handlungsweise üben
- Neue Handlungsweise anwenden
- Erneute Situationsorientierung sowie weitere Aktionsplanung

Nachdem Sie sich Ihre aktuelle Situation und Handlungsmuster bewusst gemacht haben, beschäftigen Sie sich also als nächstes mit der Überlegung, wie Sie zukünftig handeln wollen. Setzen Sie sich konkrete und erreichbare Ziele und planen Sie Ihr Vorgehen. Führen Sie sich Ihre Vision vor Augen, was Sie langfristig erreichen wollen, und kreieren Sie sich ein möglichst genaues Bild von Ihrem Ideal.

Damit sich subjektive Theorien – also Ihre bisherigen Handlungsmuster – ändern können, braucht es Übung. Sie müssen es gewohnt sein, so zu handeln, wie Sie es sich wünschen. Wahl schlägt dazu unter anderem vor, Rollenspiele im Kollegium zu machen. Diese helfen bei der Verankerung des neuen Handelns. Üben Sie also außerhalb von authentischen Situationen Ihre neuen Handlungsmuster ein. Nach einer gewissen Zeit setzen Sie Ihre zuvor gesetzten Ziele im Alltag um. Lassen Sie sich nicht erschüttern, wenn es nicht sofort

so klappt, wie Sie es erhofft hatten. Beginnen Sie stattdessen erneut mit einer Situationsorientierung, reflektieren Sie den aktuellen Stand und entwickeln Sie bei Bedarf eine neue Aktionsplanung.

Rollenspiele haben in Ihrer Schule keinen Platz oder sind für Sie eher befremdlich als nützlich? Dann gibt es Alternativen. Arbeiten Sie z. B. in Tandems, informieren Sie Ihre Kollegin über Ihre Ziele und bitten diese darum, Ihnen immer wieder Feedback zu geben. Oder arbeiten Sie alleine in einer Klasse? Warum informieren Sie nicht die Kinder selbst über das, was Sie sich vorgenommen haben? Die Kinder werden es zu schätzen wissen, dass Sie sich über deren Beteiligung ernsthaft Gedanken machen und Ihr eigenes Verhalten diesbezüglich ändern wollen. Sie geben Ihnen bestimmt gerne und unvermittelt Rückmeldung.

Lassen Sie die Menschen um sich herum wissen, was Sie sich für Ziele gesetzt haben. Die Betreffenden werden Sie immer wieder an das erinnern, was Sie sich vorgenommen haben.

Das Handeln im Schulteam erkennen und verändern

Bereits wenn sich einzelne Mitarbeitende aus einem Schulteam auf den Weg machen partizipativer zu arbeiten, kann sich an einer Einrichtung etwas verändern. Verfolgen diese Personen ihr Steckenpferd mit Begeisterung und leben anderen vor, wie partizipatives Unterrichten umgesetzt werden kann, werden sie langfristig im Kollegium Nachahmerinnen finden. Doch ist es keine Frage, dass umfassende Änderungen in der Pädagogik ihre Wirkung am besten entfalten können, wenn ein ganzes Kollegium an einem Strang zieht. Ist eine Leitung daran interessiert, die eigene Schule zu einer demokratischeren weiterzuentwickeln, gibt es verschiedene Strukturen, in die die Prozesse eingebettet werden können. Als Ausgangspunkt kann am besten eine Gesamtkonferenz oder ein pädagogischer Tag genutzt werden. Dort kommen alle pädagogisch in der Schule Arbeitenden zusammen. In diesem Rahmen können Sie das theoretische Wissen besprechen wie auch eine Situationsorientierung vornehmen. Für die Aktionsplanung wird im Gesamtteam das Fundament gelegt, und es werden Arbeitsaufträge formuliert, damit beispielsweise Fach- und Klassenkonferenzen detaillierter daran weiterarbeiten können.

Ein einzelner Tag kann lediglich dazu dienen eine erste Grundlage zu bilden, auf der im Anschluss aufgebaut wird. Bereits das Erfassen der aktuellen Situation kann je nach Teamgröße mehrere Tage in Anspruch nehmen. Deswegen sollte Ihr Ziel sein, das Thema in kleinen Bausteinen immer und immer wieder in die alltägliche Struktur einzubinden und es so händelbar zu machen.

Sie kennen die Möglichkeiten für pädagogischen Austausch in Ihrem Kollegium am besten. Haben Sie eine Vorstellung davon, welcher Ort der richtige für welches Unterthema ist?

Im Folgenden finden Sie einen Vorschlag dafür, wie ein pädagogischer Tag aussehen und im Anschluss daran weitergearbeitet werden könnte.

Praxistipp

PÄDAGOGISCHER TAG

Dauer: 7 Stunden Arbeitszeit

Erforderliche Personen: Alle pädagogisch Mitarbeitenden, Schulleitung

Tagesordnung:

- Einführung in den Tag – unser Fahrplan
- Haltung sichtbar machen – Situationsorientierung
- Theorie – Die Basis
- Willkommen zum Stammtisch – Visionen für unsere Schule
- Alltag konkret – Situationsorientierung
- Ran an die Details – Situationsorientierung und Aktionsplanung
- Verankern und festzurren – Aktionsplanung

Einführung in den Tag – unser Fahrplan

Dauer: 15 Minuten

Benötigtes Material: Plakat mit Zeitplan

Erläutern Sie die Ziele für den pädagogischen Tag. Wie kam es dazu, dass der Tag zum Thema Kinderpartizipation stattfindet? Welche Arbeitsschritte haben Sie eingeplant? Wie ist der Zeitplan? Welche organisatorischen Fragen gibt es noch zu klären, bevor es losgehen kann? Gibt es im Voraus Vereinbarungen, die Sie miteinander treffen wollen, um konstruktiv arbeiten zu können? Schreiben Sie die zeitliche Planung auf ein Flipchartpapier, damit sich alle während des Tages daran orientieren können.

Haltung sichtbar machen – Situationsorientierung

Dauer: 60 Minuten

Benötigtes Material: Moderationskarten, Eddings, Pinnwand

Ziele:

- Erhebung des aktuellen Standpunkts des Teams als Grundlage für die weitere Arbeit
- Sichtbarmachung von Motivation und Motiven
- Formulierung von Grenzen und Vorbehalten
- Sammeln von Fragen

Als Ausgangspunkt fragen Sie die aktuelle Haltung des Teams ab. Im Idealfall greifen Sie die genannten Ergebnisse im Lauf des Tages wieder auf, damit das neue theoretische Wissen einen direkten individuellen Teambezug hat.

Beginnen Sie hinsichtlich der Erhebung mit einer fünfminütigen Einzelarbeit. Alle Anwesenden schreiben auf Moderationskarten Antworten auf folgende Fragen:

- grün: Welche Motivation tragen Sie in sich? Was sind Ihre Gründe, die dafür sprechen, dass Kinder mehr mitbestimmen dürfen?
- gelb: Welche Vorbehalte haben Sie gegenüber Kinderpartizipation? Welche Grenzen sehen Sie?
- blau: Welche Fragen sollen im Lauf des Tages geklärt werden?

Im Anschluss werden die Karten jeweils dem gesamten Team vorgestellt. Hängen Sie die Karten nach Farben und möglichst auch nach Inhalten geclustert an eine Pinnwand. Die grünen Zettel sortieren Sie am besten so, dass Sie die drei verschiedenen Motive jeweils zusammenhängen. Diese sind haltungsbasierend, kompetenzorientiert oder gemeinwohlorientiert (siehe S. 24 f.).

Die Fragen auf den blauen Karten können Sie vielleicht direkt im Tagesablauf verorten. Wenn für die Fragen an dem Tag kein Platz ist, überlegen Sie, bei welcher Gelegenheit sie nach dem pädagogischen Tag noch einmal aufgenommen werden können.

Falls Ihr Team aus mehr als zwanzig Personen besteht, variieren Sie die Methode, da sie ansonsten zu viel Zeit einnimmt. Die Kolleginnen gehen zu dritt oder viert in Kleingruppen und sammeln gemeinsam zehn Minuten lang Inhalte für die Kärtchen. Danach stellt eine Person pro Kleingruppe die Ergebnisse im Plenum vor.

Theorie – Die Basis

Dauer: 45 Minuten

Benötigtes Material: vorbereitete Präsentation, grüne und gelbe Moderationskarten aus dem vorigen Arbeitsschritt

Ziele:

- Grundbegriffe zu Partizipation kennen
- Rechtliche Grundlagen kennen
- Motive für Partizipation differenzieren
- Relevanz von Grenzen und Struktur verstehen

Um innerhalb kurzer Zeit möglichst viel Grundlagenwissen zu vermitteln, eignet sich eine von Ihnen vorbereitete Präsentation. Beginnen Sie mit einer Definition von Partizipation (siehe S. 9 ff.). Erläutern Sie den Zusammenhang zwischen Partizipation und Macht (siehe S. 26 ff.) und zeigen Sie die Intensitätsstufen von Partizipation auf (siehe S. 18 ff.). Die Motive für Partizipation

(siehe S. 21 ff.) können Sie anhand der grünen Zettel erläutern. Sicherlich werden alle Motive genannt, wenn auch in unterschiedlicher Gewichtung. Machen Sie deutlich, wie wichtig die haltungsbasierenden Motive sind, und geben Sie eine realistische Einschätzung ab, dass die Arbeit an der Haltung die größte Herausforderung darstellen wird und Geduld benötigt. Welche Motive für Partizipation überwiegen in Ihrem Team?

Die rechtliche Situation sollte zumindest kurz angerissen werden, auch wenn hierauf kein Schwerpunkt gelegt werden muss. Durch die Legitimierung von Grenzen und die Betonung von deren Wichtigkeit für gelungene Partizipation können Sie vielleicht manchen Vorbehalten von Teammitgliedern begegnen.

Willkommen zum Stammtisch – Visionen für unsere Schule

Dauer: 60 Minuten

Benötigtes Material: Eddings, Buntstifte, Rolle Packpapier, Klebeband, Plakat, Knabbereien, Getränke

Ziele:

- Gemeinsame Visionen für die Schule entwickeln
- Kommunikation im Gesamtteam anregen

Stammtischparolen haben in einer Schule normalerweise nichts zu suchen? Stimmt! Aber für den pädagogischen Tag machen Sie sich genau diesen Widerspruch zunutze. Denn ungewöhnliche Herangehensweisen regen die Kreativität an, sorgen für neue Ideen und dafür, dass Menschen sich trauen, Gedanken zu äußern, die Altbekanntes infrage stellen.

Für diese Methode brauchen Sie Tische, an denen acht bis zehn Personen Platz haben. Jeder Tisch ist mit Packpapier bezogen. Eddings und Buntstifte liegen bereit. Um die Atmosphäre eines Stammtischs zu erzeugen, wagen Sie es, die Tische entsprechend zu gestalten. Stellen Sie Salzstangen und verschiedene Getränke bereit. Wie wäre es, wenn die Apfelschorle zu dieser Gelegenheit mal aus dem Bierkrug getrunken wird? Ein Stammtischwimpel entlockt Ihren Kolleginnen sicherlich ein Lächeln. Nun fehlt nur noch der passende Gesprächston

der Beteiligten. Mit leuchtenden – oder aber empörten – Augen wird den anderen am Tisch lauthals berichtet: „Hast du schon gehört! In der Schule um die Ecke …!" Dieses Gespräch lässt sich in die verschiedensten Richtungen fortsetzen. „In dieser Schule bestimmen jetzt alles die Kinder!" „In der Schule haben die Lehrerinnen seit diesem Jahr ein echt bequemes Leben!" „In der Schule können Kinder ihre Konflikte ganz alleine klären!" „In der Schule legen die Kinder ihre Noten selbst fest! Und verrückt: Es gibt gar nicht nur Einser!" Geben Sie dem Team die Chance, den Gedanken freien Lauf zu lassen. Lassen Sie alle Arten von Parolen zu. Unter Umständen haben diese auch einen destruktiven Ton. Doch sie haben ebenfalls ihre Berechtigung. Denn wenn es in einem Jahr Menschen gibt, die bewundernd auf das schauen, was Sie gemeinsam geleistet haben, wird es auch diejenigen geben, die skeptisch sind und sich die guten alten Zeiten zurückwünschen. Einer der Vorteile dieser Methode ist, dass in dieser Atmosphäre negative Aussagen gerne so zugespitzt werden, dass sie auf einen Blick als lächerlich entlarvt werden können. Mit einem Schmunzeln kann man sich von ihnen verabschieden und sich wieder dem zuwenden, womit man gerne bald in der Öffentlichkeit Aufmerksamkeit finden möchte.

Um die Stammtische zu eröffnen, heizen Sie am besten die Stimmung dadurch auf, dass Sie selbst als guter Gastgeber auftreten. Begrüßen Sie Ihre Gäste in der Kneipe, heben Sie gemeinsam das Glas und stoßen Sie auf den alteingesessenen Stammtisch an, der sich endlich wieder zum Austausch von Klatsch und Tratsch trifft. Fühlen Sie sich in dieser Rolle nicht wohl, überlegen Sie, ob Sie die Aufgabe an eine andere Person im Kollegium abgeben können. Die Stammtische haben im Anschluss an die Erläuterungen 15 Minuten Zeit, um zu debattieren und um Reden zu schwingen. Alle Kernaussagen werden währenddessen auf der Tischdecke festgehalten. Die Aussagen dürfen auch grafisch aufgearbeitet oder mit Bildern versehen werden. Das Gestalten regt die Kreativität zusätzlich an und bietet für visuelle Arbeitstypen einen weiteren Zugangsweg, um Ideen zu entwickeln.

Nach den 15 Minuten versammeln sich wieder alle im Plenum und jede Gruppe stellt ihre Stammtischparolen vor. Im letzten Schritt filtern Sie diejenigen Aussagen heraus, die als positive Visionen für Ihre Schule tauglich sind und schreiben Sie auf ein separates Plakat. Wenn der größere Teil der Ergebnisse

nicht weiter zu verwerten ist, sehen Sie die Methode nicht als gescheitert. Ganz im Gegenteil: Es zeichnet Ihr Team aus, wenn es für einen Moment vom lösungsorientierten Arbeiten loslassen kann. Denn beim Ideenspinnen gehört es dazu, dass viele Gedanken geboren werden, die selbst nicht das Patentrezept sind. Sie dienen aber dazu, andere relevante Beiträge zu entwickeln. Werden scheinbar unsinnige Ideen nicht geäußert, blockieren sie auch weitere Überlegungen. Die Einheit dient als Auftakt dafür, mit dem Kollegium konkrete Bilder einer zukünftigen Schule zu entwerfen.

Alltag konkret – Situationsorientierung

Dauer: 90 Minuten

Benötigtes Material: pro Person je eine Moderationskarte in grün, rot und gelb, mehrfach ausgedrucktes Arbeitsblatt 1 in DIN-A3 (siehe S. 38), Stifte

Ziele:

- Schulalltag auf bisherige Partizipationskultur überprüfen
- Best practice und Verbesserungspotenziale herausarbeiten
- Gleiche Sichtweise auf aktuelle Situation herstellen

Kopieren Sie das Arbeitsblatt 1 mehrfach auf DIN-A3-Größe. Benennen Sie die verschiedenen Themenfelder, die genauer angeschaut werden sollen, und tragen Sie bei jedem Raster in der Zeile „Um dieses Thema geht es“ das Überthema ein. Dabei können Sie sich beispielsweise an den Kapiteln im Buch orientieren, falls Sie ansonsten Schwierigkeiten haben, eigene Themenfelder auszumachen. Die Teammitglieder teilen sich nach Interesse auf die Themenfelder auf und bearbeiten die Fragen. Gibt es zu viele Themen, priorisieren Sie diese gemeinsam und bearbeiten nur die wichtigsten. Eine sinnvolle Arbeitsgröße pro Kleingruppe sind drei bis sechs Personen. Planen Sie für die Einteilung zehn Minuten ein.

Geben Sie den Gruppen 30 Minuten als Bearbeitungszeit. Zunächst wird nur die erste Spalte des ersten Arbeitsblatts ausgefüllt. Die anderen beiden Spalten kommen erst im nächsten Arbeitsschritt „Ran an die Details – Aktionsplanung“ zum Einsatz.

* *Arbeitsblatt 1: zu verwenden für die Schritte „Alltag konkret" und „Ran an die Details"*

Um dieses Thema geht es: ____________________

Impulsfragen: Wie werden aktuell Entscheidungen getroffen? Wer trifft welche Entscheidungen? Ist für alle Beteiligten transparent, wie Entscheidungen getroffen werden? Sind die bisherigen Methoden dazu geeignet, dass Kinder mitentscheiden können? Was soll so weitergemacht werden und wo braucht es Änderungen?

„Alltag konkret" **So sieht unsere aktuelle Situation aus**	*„Ran an die Details"* **Schon prima? – Klebepunkte verteilen**	*„Ran an die Details"* **Platz für Ideen und Kommentare**

978-3-589-16152-2 Giovanna Debatin: Partizipation in der Grundschule. Illustration: shutterstock/insemarDrawings

Im Anschluss werden die Ergebnisse im Gesamtteam vorgestellt. Hier kommen die roten, grünen und gelben Moderationskarten zum Zug. Sie sind sogenannte Stimmungskarten, mit denen angezeigt werden kann, ob es Zustimmung zu Gesagtem gibt (grün), Widerspruch dazu (rot) oder aber Rückfragen (gelb). Die Karten dürfen jederzeit gehoben werden, um die Meinung kundzutun. Dadurch erhalten Sie ohne dauernde Unterbrechung oder sich wiederholende Wortbeiträge innerhalb kurzer Zeit und parallel zu den Vorträgen einen Eindruck davon, wie groß die Zustimmung zum Erarbeiteten ist.

Das Team kann auf diese Weise eine realistische Situationsbeschreibung erarbeiten. Wichtig ist, an dieser Stelle einen Konsens zu erreichen, um im nachfolgenden Schritt die Aktionsplanung durchzuführen. Veranschlagen Sie für die Vorstellungen der Gruppen jeweils fünf Minuten.

Ran an die Details – Situationsorientierung und Aktionsplanung

Dauer: 90 Minuten

Benötigtes Material: ausgefüllte Arbeitsblätter 1 aus dem vorigen Arbeitsschritt, mehrfach ausgedrucktes Arbeitsblatt 2 in DIN-A3-Größe (siehe S. 40), grüne und rote Klebepunkte

Ziele:

- Festlegen, was beibehalten werden soll
- Festlegen, was geändert werden soll
- Formulieren von Grenzen im konkreten Alltag

** Arbeitsblatt 2: zu verwenden für den Schritt „Ran an die Details“*

Um dieses Thema geht es: ______

So sieht unsere aktuelle Situation aus - Überarbeitung	Das packen wir an! – Unsere konkreten Vorhaben	Von diesen Personen und Gremien werden die Pläne weiterverfolgt

978-3-589-16152-2 Giovanna Debatin: Partizipation in der Grundschule. Illustration: shutterstock/insemarDrawings

Nun sind alle aufgefordert Rückmeldung zu den Themenfeldern zu geben. Legen Sie die Blätter aus dem ersten Arbeitsschritt auf Tischen aus, sodass mehrere Kolleginnen gleichzeitig daran weiterarbeiten können. Folgenden Auftrag hat das Team:

- Verwenden Sie die Klebepunkte für die zweite Spalte. Grüne Klebepunkte bedeuten Zustimmung zur Situationsbeschreibung, rote Punkte markieren einen Änderungsbedarf.
- Notieren Sie Ihre Ideen und Kommentare in der dritten Spalte.

Nach 20 Minuten versammeln sich die Kleingruppen aus dem letzten Arbeitsschritt vor ihren jeweiligen Arbeitsblättern. Gibt es Rückfragen zu den Kommentaren? Klären Sie diese direkt.

Danach kommt Arbeitsblatt 2 zum Einsatz. Füllen Sie die erste Spalte auf Grundlage des ersten Arbeitsblatts aus. Die zweite dient dazu, die Situationsorientierung aufbauend auf den erhaltenen Rückmeldungen nochmals zu schärfen. Danach geht es einen Schritt weiter, denn die Fortführung der Arbeit wird geplant. Tragen Sie dies in die letzte Spalte ein. Sie bearbeiten Arbeitsblatt 2 also, indem Sie

- unter Berücksichtigung der Kommentare und Einschätzungen des Kollegiums nochmals die aktuelle Situation formulieren (Spalte 1),
- konkrete Vorhaben erarbeiten (Spalte 2)
- und diese für die zukünftige Arbeit verorten (Spalte 3).

Wichtig ist, dass im Anschluss an den pädagogischen Tag an Erarbeitetes angeknüpft wird und für alle klar ist, wann sie in welchem Rahmen die Prozesse weitertreiben können. Diese Planung sollte so realistisch wie möglich sein. Planen Sie lieber mehr Zeit und Ressourcen ein als zu knapp. Die Planung der Kleingruppen bildet dafür das Fundament.

Denken Sie die verschiedenen Gremien ein, die es an Ihrer Schule gibt. Wem stehen welche Ressourcen zur Verfügung? Wo gibt es welche Expertise? Welche Vernetzungsräume sind über die bisherigen Strukturen hinaus nötig?

Verankern und festzurren – Aktionsplanung

Dauer: 60 Minuten

Benötigtes Material: Ergebnisse aus den Kleingruppen auf Arbeitsblatt 2, pro Person eine Moderationskarte in grün, rot und gelb

Ziele:

- Themen und Aufgaben für die Zukunft verorten
- Zuständigkeiten verteilen

Die Kleingruppen stellen ihre jeweiligen Ergebnisse vor. Mit den roten, grünen und gelben Stimmungskarten werden wie bereits bei der Präsentation des ersten Arbeitsblatts Meinungen geäußert. Das Team sollte einen Konsens erreichen, wie Themen und Aufgaben für die Zukunft verortet werden können und wer welche Zuständigkeiten übernimmt. Ergebnis könnte beispielsweise sein, dass das Thema Fachräume in den jeweiligen Fachkonferenzen weiterbesprochen wird. Pro Fachkonferenz gibt es je eine Person, die zuständig ist, die Ergebnisse zusammenzutragen, um ein fächerübergreifendes Vorgehen zu entwickeln.

Am Ende dieses Schrittes sollten Sie einen Fahrplan haben, mit dem Sie über die kommenden Monate hinweg arbeiten können. In Anbetracht der knapp bemessenen Zeit für einen pädagogischen Tag wird es nötig sein, dass sich Einzelne dafür verantwortlich fühlen, die Ergebnisse zu protokollieren und entwickelte Pläne zu vervollständigen.

Sind Sie an dieser Stelle angelangt, haben Sie bereits viel geschafft: Ihr Grundstock für die weitere Arbeit steht! Machen Sie ein Blitzlicht zum Abschluss des Tages, in dem alle nochmal die Chance bekommen, in wenigen Sätzen zu sagen, wie zufrieden sie mit dem Tag sind. Die Aussagen sollen nicht mehr kommentiert werden.

Ein pädagogischer Tag

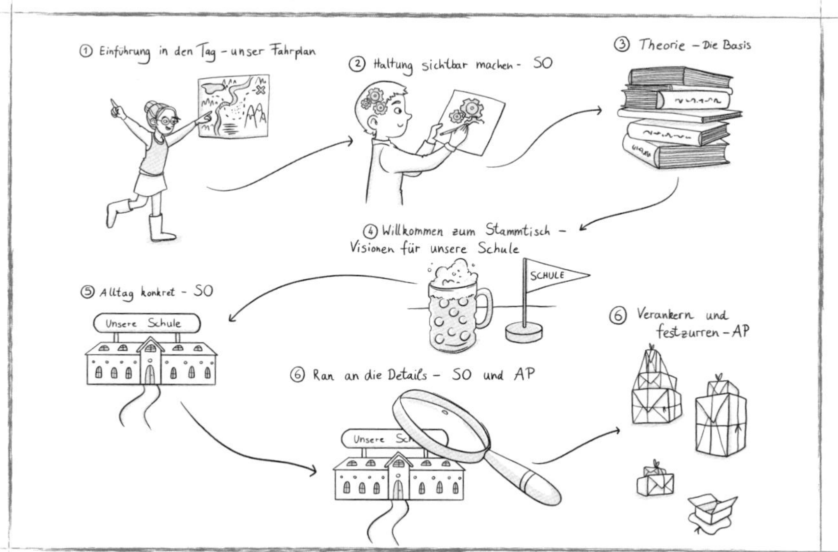

Die Tagesordnung für den pädagogischen Tag können Sie als Plakat gestalten und für alle gut sichtbar aufhängen. So können sich Ihre Kolleginnen einen Überblick darüber verschaffen, was geplant und was bereits geschafft ist.

2.1.4 Und immer wieder reflektieren

Mit den neuen Zielsetzungen ist der erste große Schritt geschafft, doch auch noch nicht alles getan. Wenn Sie geplante Änderungen realisieren, braucht es immer wieder die Reflexion im Team. Reden Sie mit Ihren Kolleginnen darüber, wie es Ihnen jeweils damit geht, sich anders zu verhalten. Geben Sie sich gegenseitig Feedback. Überlegen Sie als Team, ob die gesetzten Ziele sinnvoll waren oder ob Sie aus der neu gewonnenen Erfahrung heraus die Ziele ändern wollen.

Damit die so wichtige Reflexion des gesamten Prozesses nicht untergeht, schaffen Sie sich mit Ihren Kolleginnen am besten Strukturen hierfür. Nehmen Sie zum Beispiel eine der folgenden Ideen mit in den pädagogischen Tag und verankern sie diese verpflichtend für alle.

Praxistipp

So bleibt das Thema Partizipation lebendig

Mit den folgenden Methoden können Sie das Thema Partizipation strukturell verankern und ohne großen Aufwand immer wieder aufgreifen:

Schulterklopfer und Augenöffner

Nehmen Sie sich am Beginn jeder Klassen- oder Fachkonferenz für die beiden folgenden Aussagen jeweils fünf Minuten Zeit.

„Auf die Schulter klopfen können wir uns seit der letzten Konferenz, weil …"

„Genauer hinsehen müssen wir bei …"

Reflektieren Sie damit die Entwicklungen in Bezug auf Partizipation. Da selten alle Lehrkräfte gemeinsam in Konferenzen sind, überlegen Sie, wie Sie Ihre Erfolge trotzdem für alle transparent machen können. Denn Erfolge in Ihrem Fachteam können andere motivieren und inspirieren. Hängen Sie beispielsweise ein Plakat ins Lehrerzimmer, auf das Sie die gesammelten Punkte mit Datum und Konferenznamen notieren. Sie werden staunen, wie schnell sich das Plakat mit den positiven Entwicklungen füllt. Und wie hilfreich es ist, sich der Situationen bewusst zu werden, in denen man die Arbeit gerne optimieren möchte, und diese miteinander zu thematisieren. Auch wenn Tagesordnungen für Sitzungen meist voll sind: Die wenigen Minuten pro Sitzung kann man mit einem guten Gefühl investieren. Sie werden einen Mehrwert für die Schule erzielen, den Sie bald spüren.

Kompetenzen im Team nutzen – Kollegiale Beratung

Da der Weg zu einem neuen Handeln viel mit der eigenen Auseinandersetzung zu tun hat, sollten Sie sich immer wieder Zeit dafür nehmen, das eigene Handeln anzuschauen und Ihre Erkenntnisse und Fragen mit anderen zu teilen. Die Kollegiale Beratung ist ein wertvolles Instrument: sowohl für diejenigen, die ein Problem schildern, als auch für die Beratenden. Erstellen Sie einen Plan, damit alle im Team einmal pro Schuljahr selbst einen Fall in die Kollegiale Beratung einbringen können. Idealerweise bleiben die Beratungsgruppen

konstant und bestehen aus mindestens fünf und maximal zehn Personen (vgl. Tietze 2016, S. 217).

Die Beratung folgt diesen Schritten (vgl. Tietze 2016, S. 60 ff.):

- Casting: Klären Sie in der Gruppe, wer welchen Fall besprechen möchte und entscheiden Sie sich für einen. Verteilen Sie außerdem die Rolle der Moderation für die Beratung.
- Spontanerzählung: Erklären Sie als Fallerzählerin von Ihrer Situation.
- Schlüsselfrage: Legen Sie fest, welches Ziel Sie mit der Beratung verfolgen. Was möchten Sie am Ende geklärt haben?
- Methodenwahl: Entscheiden Sie sich gemeinsam für eine der Methoden der Kollegialen Beratung.
- Beratung: Die Gruppe berät sich, was sie zur Klärung Ihrer Frage beitragen kann.
- Abschluss: Sie fassen als Fallerzählerin zusammen, inwiefern Sie von der Kollegialen Beratung profitiert haben.

Einplanen sollten Sie etwa 45 Minuten. Pro Phase werden fünf bis maximal zehn Minuten angesetzt.

Nehmen Sie die verschiedenen Phasen der Kollegialen Beratung ernst, auch wenn es ungewohnt sein kann, je nach Methode nicht direkt Lösungsvorschläge zu erarbeiten.

Kollegiale Beratungen erzeugen häufig eine Verbundenheit zwischen den Beteiligten und machen deutlich, dass guter Rat direkt im Umfeld gefunden werden kann. Denn die Beratungen fördern die heterogenen Kompetenzen und Sichtweisen zu Tage und können deshalb als Bereicherung erlebt werden.

Best-Practice-Präsentationen

Geben Sie Ihrem Team die Aufgabe, die Augen nach gelungenen Beispielen für Partizipation von Kindern offen zu halten und diese anderen zu präsentieren. Am besten verteilen Sie feste Termine bei Konferenzen oder Sitzungen, bei denen die Beispiele innerhalb von fünf Minuten geschildert werden. Dabei geht es zum einen um die Darstellung von Methoden. Zum anderen aber auch darum, warum das Beispiel für Begeisterung sorgt. Sammeln Sie die Beispiele an einem vereinbarten Ort. Es ist nicht nötig, die Best-Practice-Beispiele direkt in der eigenen Schule umzusetzen. Die kontinuierlichen Gespräche darüber reichen manchmal schon aus, um den Blick dafür zu öffnen, was möglich sein kann und inspirieren dadurch zu eigenen Ideen.

Der Vorbereitungsaufwand ist für jede einzelne Person gering und die kurzen Berichte lassen sich gut in Ihre gewohnten Strukturen integrieren.

Bisher ging es in diesem Kapitel um Motive, Haltungen, individuelle Handlungsmuster und die Verhaltensweisen eines Teams. Immer wieder ist zu erkennen, dass es kaum möglich sein dürfte, von heute auf morgen eine Schule von einer wenig partizipativen zu einer zu machen, in der Kinder bei Entscheidungen selbstverständlich mitbestimmen dürfen. Viel Geduld, intensive Gespräche und ständiges Reflektieren sind nötig. Teams, die sich auf diesen Weg machen, sollten sich bewusst darüber sein, dass Partizipation von Kindern ein Prozess ist, der niemals zu Ende sein wird. Lassen Sie sich von den Aufgaben, die auf Sie zukommen, sowie von Rückschlägen nicht ernüchtern! Die Arbeit lohnt sich!
Sie brauchen zusätzlich zu den Beispielen aus diesem Buch motivierende Anschauungsbeispiele? Suchen Sie nach Einrichtungen in Ihrer Nähe, die sich dieses Thema ebenfalls auf ihre Fahne geschrieben haben. Tauschen Sie sich miteinander aus, hospitieren Sie, falls es die Möglichkeit gibt. Und denken Sie dabei über den Schulkontext hinaus. Auch Kitas, Horte oder Jugendverbände leisten eine tolle Arbeit, die zur Orientierung und Inspiration dienen kann.

Denken Sie auch darüber nach, externe Unterstützung hinzuzuziehen. Im Idealfall steht Ihnen jemand zur Seite, der Sie über einen längeren Zeitraum in Ihrem Vorhaben begleitet und Ihren Prozess moderiert bzw. mit Ihnen zusammen reflektiert.

2.1.5 Paragrafen in einer Schule? – Sich eine Verfassung geben

Brauchen Sie ganz konkrete Anhaltspunkte, wie Kinderpartizipation in einer Grundschule institutionalisiert werden kann, ist die *Verfassung der Laborschule Bielefeld* als Lektüre zu empfehlen (Bielefelder Laborschule 2018, noch nicht veröffentlicht, zukünftig abrufbar auf der Internetseite der Universität Bielefeld unter den Veröffentlichungen zur Laborschule Bielefeld). Angelehnt an Kitaverfassungen wurde gemeinsam mit dem Institut für Partizipation und Bildung ein Regelwerk für die Primarstufen entwickelt. Dass selbst die Laborschule einige Jahre brauchte, um zum jetzigen Ergebnis zu gelangen, verdeutlicht, dass die Prozesse Zeit und Geduld fordern. 2013 wurde das Vorhaben begonnen. Im November 2018 verabschiedete die Schulkonferenz das Dokument.

Die Verfassung ist in zwei Kapitel gegliedert: in eines für die Primarstufen 0–2 und eines für die Stufen 3–5. Die Teilabschnitte sind für beide Altersgruppen deckungsgleich. Nach einer Präambel werden die verschiedenen Verfassungsorgane der Schule vorgestellt. Die Verfassung legt die personelle Zusammensetzung, die Arbeitsweise und die Aufgaben der Organe fest. Wer über was entscheidet, ist in insgesamt 23 Paragrafen nachzulesen. Wer hat welches Recht in Bezug auf die Gestaltung von Unterrichtsstunden? Wie können die Pausen verbracht werden? Und welche Rechte und Pflichten gelten bei der Raumgestaltung oder den persönlichen Bedürfnissen? (vgl. Bielefelder Laborschule 2018)

Bereits nach wenigen Seiten versteht man, dass Erwachsene diejenigen sind, die den Partizipationsrahmen gestalten. Sie behalten sich Entscheidungsrechte vor, die sie nicht an Kinder übergeben möchten. Sie nehmen sich aber auch vollständig mit der eigenen Meinung zurück, wenn die Einflussnahme nicht nötig ist. Der § 23 „Mahlzeiten“ ist ein gutes Beispiel für die Ausdifferenzierung der Beteiligungsrechte. Wieviel ein Kind isst, entscheidet es beispielsweise selbst, aber der Ort der Mahlzeit wird von den Pädagoginnen festgelegt. (vgl. Bielefelder Laborschule 2018)

Eine Verfassung zu schreiben ist ein guter Weg, um strukturiert den gesamten Schulkontext anzuschauen. Ist die Aufgabe gemeistert, können Sie mit all ihren Schulbeteiligten ins Gespräch gehen. Für Kinder, Eltern und Mitarbeitende liegt ein roter Faden vor, der Orientierung bietet und auf den sich alle berufen kön-

nen. Und auch Außenstehenden können Sie einfacher vermitteln, auf welcher Grundlage Sie mit den Kindern arbeiten.

2.2 Partizipationsmöglichkeiten, wohin man schaut

Nachdem wir uns zuerst angeschaut haben, wie Sie sich teamintern mit Partizipation auseinandersetzen können, geht es nun um Handfestes zur Umsetzung in Ihrer Schule. Wie Sie sehen werden, kann man Kinder in nahezu alle Abläufe einbeziehen. Ob Sie Kinder lediglich informieren möchten oder sogar Selbstbestimmung möglich ist, entscheiden letzten Endes Sie als Pädagogin. Betrachten Sie die folgenden Methoden als Impulse, die Sie für Ihre eigene Arbeitsweise so anpassen können, wie Sie es für richtig halten. Übrigens können Sie sich sicher sein, dass Sie mit Blick auf sich selbst bereits viele Situationen finden, in denen Sie gute Arbeit in der Kindermitbestimmung leisten. Öffnen Sie die Augen für das, was schon klappt, und seien Sie auf jeden nächsten geschafften Schritt stolz.

Beginnen wir den praktischen Teil mit den schulischen Grundstrukturen, da sie alle Beteiligten gleichermaßen betreffen.

2.2.1 Strukturen in einer Schule

In den vorigen Kapiteln wurde die Wichtigkeit von transparenten Entscheidungswegen dargelegt. Erst das Wissen darüber, wie mitbestimmt werden kann, macht es Betroffenen möglich, es auch zu tun. Die Schulverfassung der Bielefelder Laborschule (siehe S. 45 f.) war ein konkretes Beispiel dafür, wie eine Schule sich selbst einen passenden Rahmen geben kann.

Als erstes werden hier nun übergeordnete Schulstrukturen erläutert, bevor es um den Klassenrat und die Schulversammlung als Mitbestimmungsformen für Schülerpartizipation geht.

Übergeordnete Schulstrukturen

Schule versammelt unter ihrem Dach viele Personengruppen mit unterschiedlichen Anliegen. Sie alle wirken zusammen. Aber nach welchem Prinzip geschieht dies? Wenn Sie sich den Strukturen widmen, geht es im ersten Schritt

darum, die aktuelle Situation darzustellen. Erst nach dieser Klärung kann im zweiten Schritt eine Überarbeitung erfolgen (siehe Situationsorientierung und die Aktionsplanung S. 30 f.).

Transparenz über den aktuellen Stand

Tragen Sie zusammen, welche Akteurinnen, Gremien und Sonderaufgaben es gibt: Schülerinnen, Lehrerinnen, Eltern, Schulleitungen, Schulsozialarbeiterinnen, Sekretärinnen, Betreuungspersonen, und Hausmeisterinnen – welche Personengruppen sind bei Ihnen vertreten?

Gremien und besondere Rollen, die es meist in Schulen gibt, sind folgende:

- Schulkonferenzen mit Schulleitungen, Lehrerinnen, Elternsprecherinnen und manchmal mit Schülerinnen
- SMV/Schulversammlungen mit zuständiger Person aus dem Kollegium sowie Klassensprecherinnen
- Klassenräte mit Kindern aus einer Klasse sowie der Klassenlehrerin (relevant sind alle klassenspezifischen Anliegen)
- Elternbeiräte mit Elternsprecherinnen
- Vertrauensschülerinnen und -lehrerinnen
- Streitschlichterinnen

Von Schule zu Schule finden sich meist die gleichen Organisationsebenen. So gibt es in der Regel folgende Versammlungsformen:

- ein- bis zweimal jährlich Gesamtkonferenzen mit allen an einer Schule Mitarbeitenden (thematisiert werden das Schulprogramm, Vorschläge für die Schulkonferenz, Bewertungssysteme und mehr)
- mindestens monatlich Dienstbesprechungen mit Schulleitungen und Lehrerinnen (die Besprechungen werden für die Informationsweitergabe und für Organisatorisches genutzt)
- Fachkonferenzen mit den jeweiligen Fachlehrerinnen (es werden Themen aus den Fachbereichen besprochen)
- Klassenkonferenzen mit allen Lehrerinnen, die in einer Klasse arbeiten (es geht um klassenrelevante Fragestellungen)

- Zeugniskonferenzen mit allen Lehrerinnen, die in einer Klasse arbeiten (Noten werden diskutiert und festgelegt)

Wer in welchen Runden vertreten ist und welche Funktionen und Kompetenzen die Beteiligten jeweils haben, sollte allen an einer Schule klar sein. Doch selten wissen Kinder oder Eltern über solche Hintergründe Bescheid.

Für Kinder ist es am einfachsten dieses Wissen zu verarbeiten, wenn es eine Visualisierung gibt und sie die Strukturen mit Personen verbinden können. Arbeiten Sie beispielsweise mit Fotos, um zu zeigen, wer bei welchen Entscheidungsrunden dabei ist. Für die Kinder, die noch nicht lesen können, ist es gut, auch Inhalte mit Bildern oder Symbolen darzustellen. Suchen Sie nach für Kinder relevanten Themen, um einen Bezug dazu herzustellen, warum beispielsweise Beschlüsse einer Schulkonferenz das Leben jedes einzelnen Kindes beeinflussen können.

- Zu Beginn eines Schuljahres sollten alle Beteiligten darüber informiert werden, wie Ihre Schule aufgebaut ist. Die Illustration auf Seite 51 zeigt, wie Schulstrukturen optisch dargestellt werden können.

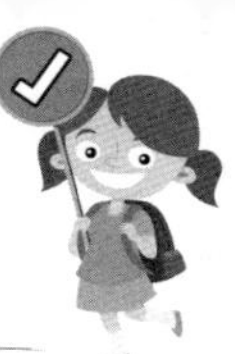

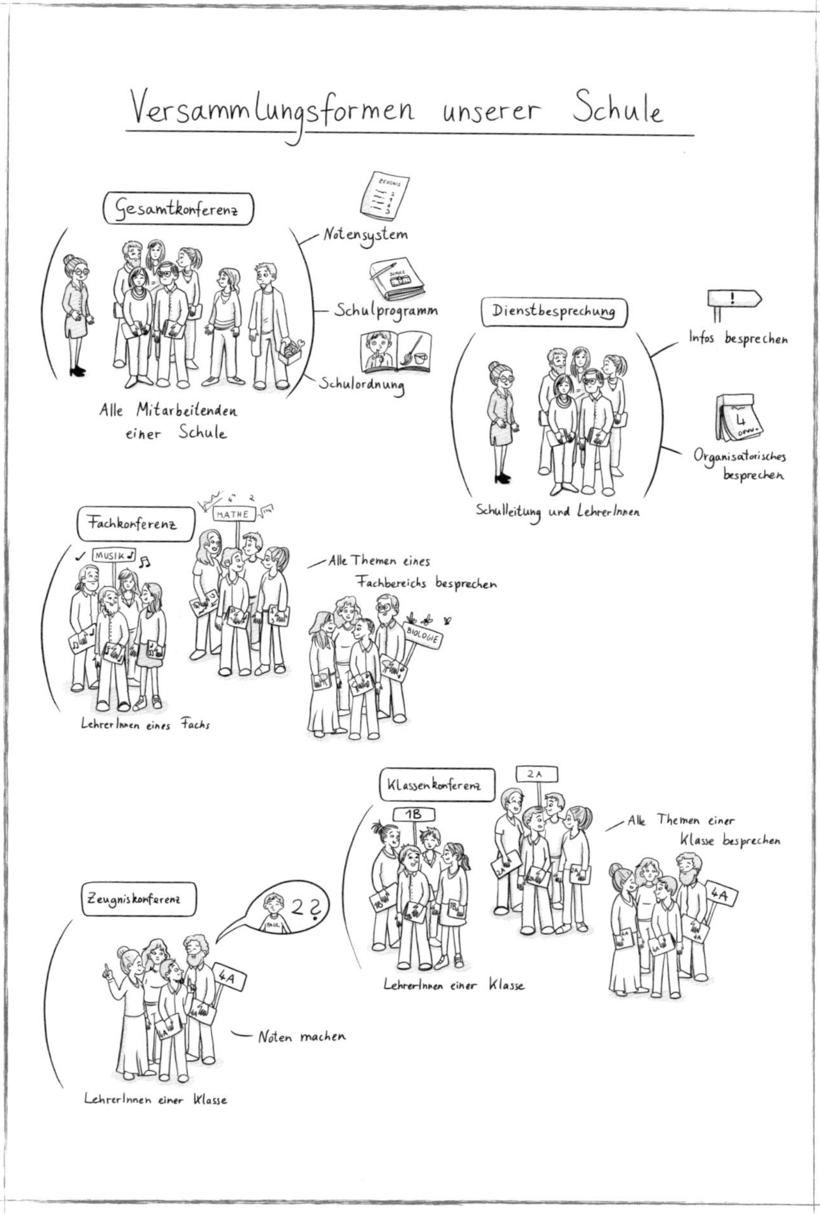
Versammlungsformen unserer Schule
Gesamtkonferenz
Notensystem
Schulprogramm
Schulordnung
Alle Mitarbeitenden einer Schule
Dienstbesprechung
Infos besprechen
Organisatorisches besprechen
Schulleitung und LehrerInnen
Fachkonferenz
MUSIK
MATHE
BIOLOGIE
Alle Themen eines Fachbereichs besprechen
LehrerInnen eines Fachs
Klassenkonferenz
1B
2A
4A
Alle Themen einer Klasse besprechen
LehrerInnen einer Klasse
Zeugniskonferenz
2?
Noten machen
LehrerInnen einer Klasse

Strukturen auf den Prüfstand stellen

Über die Visualisierung von Strukturen wird leicht erkennbar, wenn es Lücken oder Widersprüche im System gibt. Dadurch wird ein Problem bearbeitbar. Sie können sich beispielsweise folgende Fragen stellen:

- Werden die richtigen Personen eingebunden? Gibt es die Möglichkeit, bestimmte Personen situativ hinzuzuziehen, oder bräuchte es deren dauerhafte Beteiligung?
- Können alle Beteiligten die vorhandenen Strukturen nutzen? Gibt es Personen, die im System nicht berücksichtigt werden?
- Wie fließen die Informationen aus den Gremien in die Schule ein?
- Und nicht zuletzt: Sind die Strukturen partizipationsfreundlich?

Ab der Sekundarstufe I ist die Beteiligung von Kindern oftmals durch Schulgesetze geregelt. **Für die Grundschule liegt es stärker in der Eigenverantwortung der Schulen, Kinder in den Strukturen mitzudenken.** Nutzen Sie die verschiedenen Partizipationsstufen aus (siehe S. 18 f.), anstatt zu versuchen, Kinder in alle Gremien zu holen. Die Gefahr von Alibipartizipation wäre groß, wenn Sie nicht bedenken, dass Methoden an die Kompetenzen von Kindern angepasst werden müssen oder Sie mehr von Kindern entscheiden lassen, als Sie es eigentlich möchten.

Partizipation beginnt mit der Information. Informieren Sie die Kinder also darüber, welche Aufgaben eine Klassenkonferenz hat, wer daran teilnehmen wird und wann der nächste Termin ist. Fragen Sie die Kinder vor jedem Termin, ob sie Anliegen für die Klassenkonferenz haben, die Sie in der Runde besprechen sollten. Im Anschluss an die Konferenz geben Sie den Kindern Bescheid, was beschlossen wurde.

Sie können und wollen Kindern einen ehrlich gemeinten Zugang zu Gremien ermöglichen? Erste Schritte können sein, Kinder zu bestimmten Terminen zu holen, um sie schnuppern zu lassen und bei der Gelegenheit gemeinsam zu überlegen, welche Änderungen es braucht, damit Kinder mitbestimmen können. Welche Kinder eignen sich? Klassensprecherinnen könnten beispielsweise an einer Klassenkonferenz teilnehmen, da sie befugt sind, andere Kinder zu vertreten. Bei einer Fachkonferenz wiederum wären zu viele Klassensprecherin-

nen beteiligt. Ein Auswahlkriterium könnte in diesem Fall die Klassenstufe sein: Klassensprecherinnen aus der vierten Klasse sind beispielsweise einmal jährlich bei einer Fachkonferenz dabei.

Der Klassenrat

Über den Klassenrat gibt es sehr viel hilfreiche Literatur, sowohl für Anfängerinnen als auch für Klassenratserfahrene. Auch muss man Arbeitsmaterial nicht zwingend selbst erstellen, sondern kann auf einen reichen Fundus zurückgreifen – von Arbeitsblättern, die für Schülerinnen ausführlich erklären, was ein Klassenrat ist, welche Regeln gelten und wie Protokolle verfasst werden, bis hin zu bildlichen Darstellungen der Tagesordnung für Kinder, die noch nicht gut lesen können. Literaturtipps finden Sie in Kapitel 5.

Der Klassenrat ist ein **Gremium auf Klassenebene und ist Verbindungsglied zu den Gremien auf höherer Ebene**, beispielsweise der Schulversammlung. Er sollte wöchentlich während einer Klassenlehrerinnenstunde und immer zur gleichen Zeit stattfinden. Ziel ist, dass Kinder ihre Belange innerhalb der Klasse besprechen und diskutieren, Positives thematisieren und gemeinsam Lösungen für Probleme finden können. Ein Klassenrat folgt festen Abläufen und Strukturen, die sich aber innerhalb Ihrer Klasse auch individualisieren lassen. Gerade bei den anfallenden Aufgaben sind Variationen möglich. Für Sie bietet der Klassenrat die Gelegenheit, **um aus Ihrer Klasse eine Gemeinschaft zu machen** und die Kinder über die Unterrichtsinhalte hinaus besser kennen und verstehen zu lernen. In der Geborgenheit der eigenen Klasse wird es Kindern schnell leichtfallen, demokratische Grundprinzipien zu verstehen und anzuwenden. Sie können dieses Wissen dann auch in anderen Kontexten einsetzen.

Die Schulversammlung

Die Schulversammlung ist ein **Gremium, das auf Schulebene angesiedelt ist**. Sie sollte genauso wie der Klassenrat regelmäßig stattfinden. Um ein arbeitsfähiges Gremium zu haben, ist ein Treffen einmal monatlich sinnvoll. Die Schulversammlung ist ein **Delegiertengremium**. Teil der Schulversammlung sind alle gewählten Klassensprecherinnen sowie eine Person aus dem Kollegium, die ganzjährig für die Schulversammlung zuständig ist. Bei Bedarf können weitere Personen eingeladen werden.

In der Schulversammlung werden die Themen besprochen, die die Belange aller Kinder in der Schule betreffen und die somit über den Klassenverbund hinausgehen. Klassensprecherinnen vertreten in der Versammlung die Meinung ihrer Klasse. Sie können selbst Anliegen in die Versammlung bringen oder aber umgekehrt Inhalte aus der Versammlung in die Klasse zurücktragen. Der Klassenrat (siehe S. 53) fungiert als Schnittstelle zwischen Klasse und Schulversammlung.

Die zuständige Person aus dem Kollegium hat umgekehrt die Aufgabe, Themen aus der Lehrerschaft in die Schulversammlung zu bringen und Ergebnisse allen Lehrkräften mitzuteilen.

Werden in einer Schulversammlung komplexe Themen besprochen? Dann ist es die Aufgabe der erwachsenen Person, die Termine so vorzubereiten, dass Kinder altersentsprechend mitbestimmen können. Braucht es Anschauungsbeispiele, um ein Problem zu begreifen? Benötigt es weitere Abstimmungsrunden in den Klassen? Welche Informationen sind relevant, um eine Fragestellung umfassend zu verstehen? Und welches Handwerkszeug ist nötig, um eine fundierte Entscheidung treffen zu können?

In den weiteren Unterkapiteln gibt es immer wieder Vorschläge dafür, wie Themen greifbar gemacht werden können. Das Kapitel Kommunikation (2.2.8) führt Diskussions- und Abstimmungsmethoden auf, die auch im Klassenrat und in der Schulversammlung hilfreich sein können. Und im nächsten Praxistipp wird Ihnen ein Verfahren zur Wahl von Klassensprecherinnen vorgestellt, die in ihrer Funktion als Delegierte für ein Schulparlament unerlässlich sind.

Praxistipp

Mit einem Kugellager zu Kandidatinnen – Klassensprecherinnen wählen

Möglichst ab der ersten Schulwoche sollte die Wahl der Klassensprecherinnen vorbereitet werden. Die Idee ist, dass Kinder Gelegenheit haben, sich mit dem Amt über mehrere Wochen hinweg auseinanderzusetzen und dadurch vielleicht auch Kinder zur Wahl stehen, die sich spontan nicht dafür gemeldet hätten. Da zu Schuljahresbeginn auch andere Themen im Klassenrat relevant

sind, wird die Wahlvorbereitung auf mehrere kleine Einheiten aufgeteilt. Ziel: Bis zu den Herbstferien sind in allen Klassen die Klassensprecherinnen gewählt.

1. Stunde: Die Grundlagen schaffen

Die Kinder bekommen zunächst den Zeitplan für die Vorbereitung und Durchführung der Wahlen vorgestellt, damit sie wissen, wohin die Besprechungen führen sollen.

Im ersten Klassenrat geht es dann darum, was Klassensprecherinnen eigentlich sind und welche Aufgaben sie haben. Welche Voraussetzungen sollte man erfüllen und welche Kompetenzen kann man auch während der Amtszeit erlernen? Wie funktioniert die Wahl? Warum gibt es eine Stellvertretung? Welche Wünsche hat die Klasse an ihre Gewählten? Klären Sie mit den Kindern alle Fragen, die sie zu dem Amt haben.

Ab Klasse 2 kann man das Wissen der vorigen Klassensprecherinnen nutzen und sie selbst zu Wort kommen lassen. Sie berichten über ihre eigene Wahlperiode und geben ein authentisches Bild ab, wie es ist, das Mandat der Klasse zu erhalten.

Ziel des ersten Klassenrates ist es, dass die Kinder alles nötige Wissen zum Amt und zu den Wahlen haben.

2. Stunde: „Wär ich Klassensprecherin, dann …“

Die zweite Klassenratsstunde dient dazu, die Vorstellung anzukurbeln, wie es sein könnte selbst Klassensprecherin zu sein oder aber, wie die eigenen Wünsche an eine Klassensprecherin aussehen.

Die Kinder setzen sich dazu in einem Innen- und einem Außenkreis gegenüber (Kugellager). Von der Lehrkraft bekommen sie eine Frage gestellt, über die sich die Kinder, die sich gegenübersitzen, austauschen. Bei der nächsten Frage rutscht jedes Kind im Innenkreis einen Stuhl weiter nach rechts, wodurch sich die Gesprächskonstellationen ändern. Mögliche Fragen können sein:

- Was ist dir an einer Klassensprecherin besonders wichtig?
- Wie soll deine Klassensprecherin von deiner Meinung erfahren?
- Was soll eine Klassensprecherin auf keinen Fall machen?
- Stelle dir vor, du bist Klassensprecherin: Welche Änderung hättest du an deiner Schule gerne?
- Warum kannst du eine gute Klassensprecherin sein?
- Erzähle, wie deine Traumschule aussehen würde.

Wenn alle Fragen gestellt sind, machen Sie ein Blitzlicht. Lassen Sie dafür jedes Kind einmal von sich selbst sagen, warum es als Klassensprecherin infrage käme und was es gerne in Angriff nehmen würde. Aussagen, die während eines Blitzlichts gemacht werden, werden nicht von anderen kommentiert. Sammeln Sie außerdem zu jeder der anderen Fragen ein paar Punkte, die den Kindern besonders wichtig sind.

Die Kinder bekommen den Auftrag mit, sich im Lauf der Woche zu überlegen, ob sie selbst kandidieren möchten oder wen sie sich von den anderen Kindern für das Amt vorstellen könnten. Erinnern Sie die Kinder zwischen den Klassenratssitzungen immer mal wieder an ihre Aufgabe, sich über die eigene Kandidatur bewusst zu werden. Stehen Sie für Fragen zur Verfügung, wenn Kinder sich noch unsicher fühlen.

3. Stunde: Jetzt wird es ernst!

Für den Klassenrat benötigen Sie Blanko-Wahlzettel. Einen solchen Wahlzettel sollten Sie zusätzlich so groß ausdrucken oder an die Wand projizieren, dass Sie die Namen der Kinder eintragen können und für alle gut sichtbar ist, was Sie wie eingetragen haben. Können die Kinder noch nicht schreiben, halten Sie von jedem Kind ein Foto für diese Klassenratssitzung bereit und drucken Sie einfach zu zeichnende Symbole wie ein Herz, ein Kreis, ein Caro oder ein Haus aus. Dieses Symbol wird anstelle des Namens auf den Wahlzettel gezeichnet.

Erklären Sie zunächst den Ablauf der Wahl, damit die Kinder wissen, was auf sie zukommen wird.

Kandidatinnenliste eröffnen

Wer möchte selbst kandidieren? Welche Kinder werden von anderen zur Wahl vorgeschlagen? Notieren Sie alle genannten Namen für alle sichtbar. Falls die Kinder noch nicht lesen können, pinnen Sie die Fotos der ausgewählten Kinder an eine Wand.

Kandidatur: Ja oder nein?

Fragen Sie alle Kinder, die auf der Wahlliste stehen, ob sie kandidieren möchten. Wenn Kinder, die vorgeschlagen wurden, nicht kandidieren möchten, nehmen Sie sie von der Wahlliste.

Wahlzettel vorbereiten

Füllen Sie den groß ausgedruckten Wahlzettel mit den Namen der Kandidierenden. Die Kinder sollen es Ihnen auf ihren eigenen Wahlzetteln nachtun. Können Kinder noch nicht schreiben, nutzen Sie die Fotos und die Symbole. Hängen Sie neben die Fotos jeweils ein Symbol, das anstelle des Namens für das Kind stehen soll. Übertragen Sie auch die Symbole auf die Wahlzettel.

Geheim wählen

Legen Sie ein Wahlverfahren fest. Eine Möglichkeit ist folgende: Jedes Kind hat zwei Stimmen. Es darf aber auch keine Stimme oder nur eine Stimme verteilen. Pro Kandidatin darf nur eine Stimme gegeben werden. Die Kinder machen ein Kreuz vor den Namen oder das Symbol des Kindes bzw. der beiden Kinder, die sie wählen möchten. Danach falten sie den Zettel zweimal zusammen. Sie selbst sammeln alle Zettel ein. Die Wahl ist geheim.

Danach sichten Sie die Ergebnisse und führen eine für alle sichtbare Strichliste. Das Kind, das die meisten Stimmen erhalten hat, ist gewählt. Das Kind mit den zweitmeisten Stimmen übernimmt die Aufgabe der Stellvertreterin.

Beglückwünschen Sie die Gewählten und überreichen Sie ihnen symbolhaft das Mandat für das Jahr. Welches Symbol passt zu Ihrer Klasse?

Sind alle Klassensprecherinnen gewählt, kann die Schulversammlung ihre Arbeit aufnehmen. In der Woche nach den Herbstferien gibt es die erste Schulversammlung für alle Gewählten, in der sie in ihre neue Aufgabe eingeführt werden.

2.2.2 Unterrichtsinhalte und zeitliche Struktur

Die Vorstellung, wie Unterrichtsinhalte und die zeitliche Struktur des Unterrichts festgelegt werden, ist am meisten durch eigene Schulerfahrungen geprägt. Die Überzahl der aktuell tätigen Pädagoginnen hat selbst eine traditionelle Form des Unterrichts erfahren, in der nicht darüber diskutiert wurde, was wann und wie gelernt wird. Die Haltung dahinter: Die Erwachsenen wissen, was gut und richtig ist, während die Kinder dem Plan zu folgen haben und sich manchmal eben anstrengen müssen, um alles aufzunehmen, was gefordert ist. Doch warum nicht umdenken und dadurch neben den Partizipationsmöglichkeiten auch eine große Entlastung für die eigene Rolle erfahren?

Ein paar Grundaussagen können in den Raum gestellt werden, die die Planung der Unterrichtsinhalte und der Unterrichtszeiten beeinflussen und die gerade in Hinsicht von Partizipation relevant sind:

Aussage 1: Vier Jahre sind eine Menge Zeit

Die Bundesländer legen mit Bildungsplänen fest, was Kinder am Ende ihrer Schulzeit erreicht haben müssen. In der Regel sind dies vier Jahre für die Grundschule. Vermutlich aus dem Bedürfnis heraus die vielen verschiedenen Kompetenzen planbar zu machen, unterteilen Pädagoginnen den Lernstoff in kleinere Häppchen und verteilen diese in einem Lernstoffplan auf einzelne Zeiteinheiten. Diese verständliche Herangehensweise macht aber, je kleiner die Häppchen sind, umso unflexibler. Denn wird das Ziel nicht erreicht, werden sich alle anderen Planungen verschieben und sind ebenfalls nicht mehr einzuhalten. Die Zeit fühlt sich immer knapper an. Wie soll man all das nur schaffen und dabei auch noch Rücksicht auf Unvorhergesehenes nehmen?

Nehmen wir einen anderen Blickwinkel ein und sehen wieder das gesamte Paket, können wir getrost sagen: Vier Jahre sind eine lange Zeit! Wenn ich die Inhalte so differenziere, dass Kinder in unterschiedlichem Tempo lernen können, ist alles gut zu schaffen. Denn jedes Kind hat Stärken, durch die es ein Thema

einfach erfasst – und ist dadurch einem anderen Kind voraus, das diese Stärken nicht hat. Und jedes Kind hat gleichzeitig Hürden zu überwinden, die mehr Aufmerksamkeit benötigen – und ist dadurch einem anderen Kind hinterher. Ein Unterricht im Gleichschritt heißt, den Vorsprung Einzelner zu vergeuden. Er kann nicht mehr genutzt werden, um anderes auszugleichen, was länger braucht. Holt man sich die verlorene Zeit durch **individuelle Lernwege** zurück, so können Sie sich entspannt zurücklehnen und sich sicher sein: Innerhalb der Grundschulzeit werden alle Kinder alle Inhalte lernen können, die sie für den nächsten Schritt in die weiterführende Schule benötigen.

Was also, wenn Sie im Unterricht merken, dass Kinder sich brennend für ein Thema interessieren, das aber mit ihrem Zeitplan nicht vereinbar ist? Lassen Sie die Lernchance zugunsten ihrer Planung verstreichen? In diesem Kapitel finden Sie Beispiele, die zeigen, was in einer Schule entstehen kann, wenn Lücken für Spontanes ihren Platz haben dürfen.

Aussage 2: Kompetenzen statt festgelegter Inhalte

Die Bildungspläne einiger Bundesländer haben sich in den letzten Jahren vorteilhaft entwickelt, wenn es um Individualisierung geht. Kompetenzen sind entscheidend – nicht bestimmte Lerninhalte. Wo früher noch stand, dass Schülerinnen am Beispiel Kröte die Merkmale von Amphibien lernen sollen, gibt es jetzt weite Formulierungen. Im Bildungsplan Baden-Württemberg heißt es zum Beispiel, dass Kinder einen Lebensraum in der Nähe der Schule kennenlernen und eine Tier- und Pflanzenbeobachtung mit mindestens einem Exemplar durchführen sollen (vgl. Ministerium für Kultus, Jugend und Sport Baden-Württemberg (2016): Sachunterricht S. 20). Weiterhin kann es für die Klasse um Kröten gehen. Aber genauso ist es möglich, dass sich jedes Kind mit dem Amphibium beschäftigt, das es am meisten interessiert. Die Chance, die Themen der Kinder im Unterricht aufzugreifen, anstatt sich an pauschale Pläne zu halten, ist somit deutlich gestiegen. Dadurch können sich auch die Wege ändern, wie Kinder ihr Wissen erwerben. War früher sicherzustellen, dass alle Kinder den exakt gleichen Inhalt vermittelt bekommen haben, war es kaum möglich Alternativen zu einem Frontalunterricht anzubieten. Durch die **Orientierung an Kompetenzen** ist es möglich, dass Lehrerinnen das Grundgerüst anbieten, das Schülerinnen dann in Eigenregie mit Leben füllen.

Aussage 3: Kinder wollen lernen

Hört man einige Erwachsene über Kinder sprechen, könnte man manchmal meinen, dass Kinder sich komplett gegen das Lernen sperren würden. Ist man in diesem Denken verhaftet, so ergibt sich daraus die Konsequenz, dass Zwang und engmaschige Regeln zu einer Schule notgedrungen dazugehören und auch dass Kinder Freiräume zum Nicht-Lernen ausnutzen würden. Die Verantwortung für alle Leistung liegt somit vollständig bei der Lehrkraft, die beobachten und maßregeln muss, um der Bildungsaufgabe gerecht zu werden.

Die Erfahrungen mit partizipativem Unterricht sind jedoch andere. Kinder begeistern sich – genauso wie Erwachsene – für Themen und freuen sich darüber, wenn sie etwas Neues gelernt haben. Und so braucht es den Zwang von außen nicht, sondern lediglich einen Rahmen, innerhalb dessen sich Schülerinnen das Lernen organisieren können. Alleine das Vertrauen in diesen Satz „Kinder wollen lernen" bewirkt,

- dass Pädagoginnen Situationen auch laufen lassen können, selbst wenn diese ungeplant sind,
- dass sie nicht das Gefühl haben, kontrollieren zu müssen, denn Kinder haben selbst den Wunsch, richtig zu lernen, und handeln somit eigenaktiv,
- dass Verantwortung für das Lernen geteilt wird, anstatt einzig auf den Schultern der Lehrkraft zu liegen.

Durch diese Haltung werden **Ressourcen** frei, um Kinder individuell in ihrem eigenen Lernen zu begleiten.

Aussage 4: Alle Themen der Schule werden früher oder später Themen der Kinder

Das, was Kinder in der Grundschule lernen sollen, ist im Gegensatz zu Themen in weiterführenden Schulen sehr nah an der Lebenswelt der Kinder. Sie finden Bücher spannend und sind dadurch motiviert, selbst lesen zu lernen. Sie sind beim Einkaufen dabei und wollen gerne selbst bezahlen. Damit sie passende Geldbeträge aushändigen können, brauchen sie ein Zahlen- und Mengenverständnis. Sehen sie, dass Plakate für Kommunalwahlen ausgehängt sind, kommen Gespräche über Strukturen in einer Gemeinde auf, die mit denen einer Schulversammlung verglichen werden können.

Manche offenen Schulen nutzen aus, dass nahezu alle Themen, die in der Grundschulzeit gefordert werden, früher oder später zu relevanten Themen für die Kinder werden, ohne dass sie darauf gestoßen werden müssen. Hat man entsprechende Strukturen, um individuelle Lernfortschritte zu dokumentieren, kann man auf gleichgeschalteten Unterricht komplett verzichten. Stattdessen werden die **Interessen der Kinder** aufgegriffen, zu Lerngelegenheiten umgewandelt und im Anschluss wird festgehalten, welcher Teil des Bildungsplans bearbeitet wurde. Nicht zu unterschätzen ist die Wirkung der Kinder aufeinander. Denn begeistern sie sich für etwas, inspirieren sie damit auch andere. Nötig für das Teilen der Begeisterung ist Zeit für Austausch, in der sich die Kinder von ihren Lernfortschritten berichten können.

Diese Strukturen – das Lernen „ganz ohne Plan", orientiert nur an den Themen der Kinder – dürften für wenige Schulen so umsetzbar sein. Aber das Wissen, dass die Bildungsplaninhalte für Kinder größtenteils im Lauf der vier Jahre intrinsisch motiviert relevant werden, zeigt auf, dass es eher darum geht, für diese Phasen aufmerksam zu sein und passende Themen in diesen sensiblen Zeiten zu platzieren als an einer vorgefertigten Matrix festzuhalten.

Aussage 5: Denken Sie über Ihre eigene Klasse hinaus

Auf die Eigenmotivation und die Eigeninteressen von Schülerinnen zu vertrauen ist natürlich immer einfacher, wenn man bereits mit eigenen Augen gesehen hat, wie es funktioniert – das Lernen im eigenen Tempo, mit individuellen Methoden und in selbst ausgewählten Sozialformen.

Da es in Deutschland nur wenige Schulen gibt, in denen Kinder solch ein Lernklima genießen dürfen, ist es auch schwierig, sich in der Praxis davon zu überzeugen. Sollten Sie aber Gelegenheit haben, in einer entsprechenden Schule zu hospitieren, nutzen Sie es! Und teilen Sie Ihre Eindrücke im Nachhinein mit Ihren Kolleginnen. Falls sich Ihnen die Gelegenheit nicht bietet, so probieren Sie selbst aus und sammeln Sie ganz eigene Erfahrungen. Diese werden Sie darin bestärken, Kindern mehr Verantwortung über ihr Lernen zu geben.

So viel gemeinsamer Input wie nötig – so viele individuelle Phasen wie möglich: Lernen von Gemeinschaftsschulen

Die Fragen rund um „Unterrichtsinhalte und zeitliche Struktur" hängen sehr eng mit all den Themen anderer Kapitel zusammen. Gibt es in den Klassen eine Altersmischung? Welche Räume stehen Ihnen für den Unterricht zur Verfügung? Unterrichten Sie an einer Ganztagsschule oder findet der Unterricht nur vormittags statt? Auf welche Ressourcen können Sie zugreifen? Diese Kriterien beeinflussen, wie viel Spielraum Ihnen bleibt, um mit Inhalten und der Unterrichtszeit flexibel zu hantieren. Und gerade, weil diese Kriterien so einen großen Einfluss haben, gilt, **dass sich an einer Schule am besten alle gemeinsam auf den Weg machen**, um Einzelnen die Arbeit zu ermöglichen. Wir schauen uns verschiedene Ebenen an, auf denen Sie etwas alleine oder mit Ihrem Kollegium bewegen können. Ein Blick in Gemeinschaftsschulen zeigt, wie es gehen kann.

Für eine Klasse braucht es Phasen, in denen alle das gleiche machen. Doch warum eigentlich? Das Denken, dass alle Kinder in der gleichen Zeit das gleiche lernen können, ist längst überholt. Trotzdem hat es seine Berechtigung, allen Kindern zusammen einen **Input** zu geben, um neuen Unterrichtsstoff zu vermitteln. Diese Vermittlung sollte aber nicht losgelöst von anderem stehen, sondern Bestandteil eines Konzeptes sein, innerhalb dessen Schülerinnen Gelegenheit haben, sich Neues auf eigene Art anzueignen.

2012 begann in Baden-Württemberg der Ausbau von Gemeinschaftsschulen. Pädagoginnen, die ehemalige Haupt-, (Werk-)Realschulen oder Gymnasien in Gemeinschaftsschulen umgewandelt haben, haben einiges an Arbeit hinter sich. Doch die Mühe hat sich gelohnt und so können sich gerade mit Blick auf Differenzierung, Inklusion und Partizipation auch Grundschulen viel von den Gemeinschaftsschulen abschauen. Eines zieht sich durch alle Konzepte: **Um Unterricht tatsächlich zu individualisieren, braucht es mehrere Personen, die an einem Strang ziehen** – im Idealfall ist es natürlich die gesamte Institution. Während der Aufwand, Material für verschiedene Lernniveaus aufzubereiten, alleine immens ist, ist er überschaubar, wenn sich die Lehrkräfte einer Klassenstufe zusammentun und alle ihren Beitrag leisten. Dabei werden nicht nur zeitliche Ressourcen geschont. Werden beispielsweise Räume alter-

nierend belegt, können sie jeweils für bestimmte Funktionen ausgebaut werden – anstatt alle Klassenzimmer gleich auszustatten. So gibt es zum Beispiel einerseits Räume, die sich für Frontalunterricht eignen, andererseits welche, in denen auch Gruppenarbeiten möglich sind.

Wie die Lernzeit individualisiert werden kann und dennoch gemeinsamer Input möglich ist, zeigt der folgende Tipp aus der Praxis.

Praxistipp

Zwischen Input und eigenverantwortlicher Lernzeit

Regelmäßig treffen sich die Klassenlehrerinnen der dritten Stufe, um miteinander den Unterricht in Deutsch und Mathe zu planen. Die Inhalte aus dem Bildungsplan haben sie in Pakete geschnürt, die jeweils vier Wochen Zeit benötigen, wobei jede Woche eine neue Vertiefungsphase beginnt. Montags machen alle Klassenlehrerinnen in ihrem Klassenzimmer und mit jeweils der eigenen Klasse einen Input. Zwei Schulstunden sind dafür reserviert. Wie dieser Input aussieht, ist jeder Lehrerin selbst überlassen. Über die Woche verteilt finden dann Schulstunden statt, die für das eigenverantwortliche Lernen gedacht sind. Dafür stehen verschiedene Räume zur Verfügung: In einem Lernatelier arbeiten die Schülerinnen für sich, haben einen eigenen Tisch mit Abtrennung zum Nachbarplatz. In einem anderen Raum wurden Sitzecken installiert, in denen mehrere Kinder gemeinsam sitzen und arbeiten können. Die Klassenlehrerinnen der Stufe haben einen Fahrplan vorbereitet, in dem steht, was die Woche über zu tun ist. In dem Plan ausgewiesen sind verschiedene Niveaustufen. Das niedrigste Niveau ist von allen zu schaffen, muss aber nicht gemacht werden, wenn ein Kind eine höhere Niveaustufe auswählt. Auf dem Fahrplan ist außerdem aufgeführt, in welcher Sozialform der Inhalt erarbeitet werden soll, welches Material sich eignet und ob es Selbstkontrollinstrumente gibt. Hat ein Kind eine Aufgabe erledigt, kontrolliert es die Lösungen, trägt das Datum in die entsprechende Spalte ein und lässt sich nach einer abschließenden Kontrolle durch die Lehrkraft eine Unterschrift von ihr geben. Auch wenn Aufgaben als Einzelarbeit ausgewiesen sind, dürfen Kinder nach Absprache davon abweichen.

Die eigenverantwortliche Lernzeit ist nicht nach Fächern getrennt, sondern steht pauschal für Deutsch und Mathe zur Verfügung. Die Schülerinnen entscheiden also selbst, wie viel Zeit sie sich für die einzelnen Fächer nehmen wollen und wann sie es tun. Dass die Kinder während dieser Lernphasen anderes tun, kommt nur selten vor. Sie sind motiviert die Unterschriften zu sammeln, und lernen, sich selbst so zu organisieren, dass sie effektiv arbeiten. Pausen nehmen sie sich dann, wenn sie merken, dass sie sie brauchen. Eine Regulation durch Erwachsene ist nicht nötig.

Das Lernatelier teilen sich immer zwei Klassen miteinander. So befinden sich in dem Raum zwar viele Kinder, aber gleichzeitig auch zwei Lehrkräfte. Da diese den Unterricht gemeinsam geplant haben, können sie beide alle Kinder betreuen. Ein Farbsystem hilft dabei, dass es in dem Atelier ruhig bleibt und die Kinder konzentriert arbeiten können. Hängt ein Kind eine grüne Karte an den Platz, heißt dies: Alles okay. Eine rote Karte heißt, dass ein Kind eine Frage hat und alleine nicht weiterkommt. Bei der gelben Karte ist ein Kind so weit, dass die Pädagoginnen kontrollieren und unterschreiben können. Dadurch, dass die Lehrerinnen selbst zu den Tischen der Kinder gehen, können sie die Anfragen priorisieren, und es wird vermieden, dass sich an den Schreibtischen der Lehrerinnen alle Kinder sammeln, die ein Anliegen haben. Bei der Priorisierung heißt es: zuerst die roten Meldungen, damit die Kinder weiterarbeiten können, danach die gelben.

Am Ende der Woche haben alle Kinder mindestens die niedrigste Niveaustufe bearbeitet. In der folgenden Woche kann darauf aufbauend der nächste Input stattfinden.

Für die Klassenlehrerinnen bringt die Vorbereitung der Stunden einiges an Arbeit mit sich, aber sie teilen sich einzelne Bausteine auf, sodass sich die Zeit verringert. Sind die Einheiten erst einmal geplant, ist die Durchführung umso angenehmer. Durch die Teams ergeben sich außerdem weitere Vorteile: Ist jemand krank, können andere aushelfen. Eltern wird gezeigt, dass gemeinsam an einem Strang gezogen wird. Und der Austausch miteinander bietet eine Qualitätssicherung, die man in dieser Art nicht hat, wenn alle ihren Unterricht im Alleingang vor- und nachbereiten.

! Machen Sie Kinder von passiven Rezipienten zu aktiven Gestaltern ihres eigenen Lernens. Das meint sowohl, Kindern einen Überblick darüber zu geben, was zu lernen ist, als auch, sie in die Verantwortung zu nehmen, sich zu organisieren, die optimalen Lernformen für sich zu nutzen und die Selbstkontrollinstrumente sich selbst gegenüber ehrlich zu verwenden.

Dass eine Klasse als Gruppe zusammenkommt, ist jedoch nicht nur für den kollektiven Input wichtig. Planen Sie Phasen ein, in denen Kinder in der Gesamtgruppe ihr eigenes Lernen reflektieren und sich gegebenenfalls gegenseitig Rückmeldung geben. Täglich eingebaut und mit entsprechenden Methoden durchgeführt, reichen dafür wenige Minuten aus. Aber auch Klassenratsstunden oder Stunden für Wochenendberichte im Rahmen eines Montagskreises sollten beispielsweise ihren Platz in einer Klasse haben. Denn das Gefühl, eine Gemeinschaft zu sein, bildet sich erst dann aus, wenn alle voneinander etwas mitbekommen – schulisch, aber auch mal privat.

Kinder mit ihren Stärken einbinden

Meist orientiert sich der Unterricht an den Inhalten des Bildungsplans. Die Fähigkeiten von Kindern kommen nur dann wirklich zum Tragen, wenn sie in direktem Zusammenhang mit dessen Bildungszielen stehen. Kann ein Kind gut rechnen, wird diese Stärke mit Lob und entsprechenden Zensuren honoriert. Ist es stattdessen besonders empathisch, findet eine solche Begabung keinen Raum in der Schule. Dabei können die Stärken von Kindern viel umfassender in die Klassengemeinschaft integriert werden. Durch das Einbinden von individuellen Stärken empfinden Kinder sich als wertvoll für die Gruppe. Diese Wirkung entsteht auch dann, wenn ein Kind sich mit dem Mathematikunterricht schwertut. Es fühlt sich dazu ermutigt, Herausforderungen anzugehen, weil es sich in anderen Bereichen als kompetent empfindet und sich auf diese Weise gesehen fühlt.

Wissen Sie, was die Kinder in Ihrer Klasse besonders gut können? Und haben die Kinder die Chance, Stärken tatsächlich als Stärken zu begreifen und Stärken auch zu nutzen? Mit der folgenden Methode ist es ein Leichtes, für die „Superpower" der Kinder Platz zu schaffen.

Praxistipp

Superpower in den eigenen Reihen

Thematisieren Sie mit Ihren Schülerinnen, welche Stärken Menschen haben können: ein besonderes Fachwissen, Empathie, aufmerksames Zuhören, Sportlichkeit ... Setzen Sie bewusst Akzente, die vom klassischen Schulwissen abweichen, da es im Kontext Schule am naheliegendsten ist, an gute Zeugnisnoten zu denken, aber grenzen Sie es auch nicht aus.

Danach lassen Sie jedes Kind für sich auf einen Zettel schreiben, welche besondere Stärke – welche Superpower – es selbst hat. Dieser Zettel, der darüber hinaus mit dem jeweiligen Namen beschriftet werden soll, wird Ihnen überreicht, damit Sie ihn in einem Kästchen aufbewahren können. In den nächsten Wochen nehmen Sie sich regelmäßig Zeit, um sich einzelner Zettel anzunehmen. Ein Montagmorgenkreis bietet sich dafür an. Ziehen Sie nach dem Zufallsprinzip einen Zettel aus dem Kästchen und lassen Sie das betreffende Kind seine eigene Stärke vorlesen und kurz erklären, warum es darauf kommt, diese Stärke zu haben. Danach dürfen alle anderen Kinder fünf Minuten Ideen spinnen, was man mit dieser Stärke für die Klasse machen könnte. Lassen Sie auch außergewöhnliche Vorschläge zu. Das Kind, um das es geht, hört währenddessen nur zu. Die Ideen werden für alle sichtbar notiert. Der Effekt ist, dass Kinder in dieser Phase merken, dass die Stärke einen hohen Wert hat. Sie fühlen sich gesehen und wertgeschätzt.

Danach kann sich das Kind entweder direkt für eine Art entscheiden, die eigene Superpower in die Klasse einzubringen, oder aber es bekommt Zeit bis zum nächsten Montagmorgenkreis, um dann mit Ihrer Begleitung eine Entscheidung zu treffen. Das Ergebnis findet einen Platz an der Superpowerwand im Klassenzimmer. Auf die Superpower können Sie das ganze Schuljahr immer wieder zurückkommen.

Wie Kinder ihre Superpower in ihrer Klasse einbringen können? Beispielsweise so:

- Bilder malen: Arne zeichnet Bilder, um die Regeln der Klasse zu visualisieren

- Kinderyoga: Lars macht immer mittwochs nach der Deutschstunde fünf Minuten Yogaübungen zusammen mit der Klasse.
- Verschiedene Knoten aus dem Segelkurs machen: Henriette bietet einen Knotenkurs in der Betreuungszeit an und kümmert sich darum, wenn im Klassenzimmer etwas befestigt werden muss.
- Geschichten schreiben: Hannah ist Autorin für die vier Mal im Jahr erscheinende Klassenzeitung.
- Ordentlich sein: Kim hilft der Lehrerin immer, wenn sie Listen führen muss, um zum Beispiel Geld für einen Klassenausflug einzusammeln.

Mit jedem Mal, bei dem man der Superpower der Kinder Platz im Klassengeschehen gibt, kann man wieder darüber staunen, wie vielfältig Kinder Verantwortung übernehmen können und wollen. Schulleben besteht aus so vielen Facetten, dass jedes Kind mit den eigenen Fähigkeiten zur Geltung kommen kann. Daraus entwickeln sich oft ganz besondere Klassenrituale, durch die Kinder sich der Gemeinschaft verbunden fühlen.

Motivierende Insekten – Lernen mit Sinn füllen

Zum Schreiben fehlt Lina die Motivation. Aber es hilft nichts: Alle Kinder müssen sich regelmäßig hinsetzen und das Schreiben üben. Das Leben besteht nicht nur aus Spaß.

Sicher kennen auch Sie die Momente, in denen Kinder sich dagegen wehren, sich mit etwas zu beschäftigen. Doch woran mag das liegen? Und wie können Sie Kinder dabei unterstützen, sich für ein ungeliebtes Lernfeld zu interessieren? Greifen Sie dazu das auf, was Kinder persönlich spannend finden.

Es stimmt vermutlich, dass Lina bisher keinen Zugang zum Schreiben gefunden hat. Vielleicht hat sich für sie noch nicht erschlossen, was es ihr nutzen mag, schreiben zu können. Was sie aber umso mehr liebt, sind Insekten aller Art. Warum soll Lina über ein vorgegebenes Thema schreiben, das für sie keine Relevanz hat? Allein die Liebe zu Insekten bietet verschiedenste Lernanlässe, die mit dem Schreiben verknüpft sind und die für Lina einen Mehrwert bieten. Wie

wäre es, einen Katalog anzufertigen, in dem Lina verschiedene Insekten aufzeichnet und einen kurzen Text dazu verfasst, was die jeweiligen Besonderheiten sind? Oder wenn sie ein Plakat gestaltet, das sie der Klasse vorstellt? Oder wenn sie sich eine Fantasiegeschichte ausdenkt, in der Insekten die Hauptfiguren bilden? Selbst wenn sie einen Comic zeichnet, kommt dieser ohne Schriftliches innerhalb der Sprechblasen nicht aus.

Machen Sie sich und den Kindern das Leben und Lernen leicht und fokussieren Sie sich auf die Stärken und Interessen. Alle Menschen können sich für etwas begeistern. Gehen Sie mit den Schülerinnen gemeinsam auf die Suche. Manchmal braucht es Fantasie, um die Verbindung zwischen einer Begeisterung und einem Lernfeld herzustellen, aber ist dies geschafft, können Kinder eine vermeintliche Schwäche durch eine ihrer Stärken kompensieren.

Praxistipp

Wie durch Bundestagswahlen eine Schulkanzlerin in ihr Amt fand

Den Bundestagswahlen 2009 ist es zu verdanken, dass seitdem in einer Grundschule alle zwei Jahre zur Wahl aufgerufen wird. Einige Kinder fragten sich damals, was es mit all den Plakaten auf den Straßen auf sich habe. Eine der Lehrerinnen griff das Interesse umgehend auf. Das funktionierte unkompliziert, weil in der freien Schule feste Zeiten im Tagesablauf verortet sind, in denen die Themen der Kinder im Fokus allen Tuns stehen. Und so trafen sich täglich die Interessierten, suchten Antworten auf ihre Fragen und erarbeiteten sich Stück für Stück ihr neues Politikwissen. Wie funktioniert das Wahlsystem in Deutschland? Welche Aufgaben sind an das Kanzleramt geknüpft? Was unterscheidet Parteien voneinander? Die Schülerinnen waren so fasziniert, dass sie den Wunsch entwickelten, an der eigenen Schule eine Kanzlerin zu haben, die die Anliegen der Kinder den Erwachsenen gegenüber vertritt. Und so wurde zum ersten Mal eine Kanzlerin mit einer Amtszeit von zwei Jahren gewählt.

Mit Freude wurde vom Schulteam wahrgenommen, dass Politik für die Kinder so greifbar geworden ist, dass sie die Prinzipien problemlos auf ihren eigenen

Schulkontext übertragen konnten. Doch mit dem, was danach langfristig geschah, hatte keine der Pädagoginnen gerechnet. Denn nach knapp zwei Jahren leierten die Kinder von sich aus Neuwahlen an. Ohne dass es eine Erinnerung oder zusätzliches Engagement der Lehrerinnen brauchte, wurde das System mit jeder Wahlperiode ausgeklügelter. Mehr und mehr wurden Prinzipien aus der Politik in der Schule angewandt. Alle zwei Jahre formierten sich mehr Kinder in Parteien. Neue Parteien wurden gegründet. Es wurden Parteiprogramme verfasst, Ziele miteinander diskutiert und Wahlplakate gestaltet. Während im ersten Jahr noch beiläufig gewählt wurde, gibt es mittlerweile einen langfristig angekündigten Wahltag, an dem die Schulkinder zu einer bestimmten Zeit ins Wahlbüro kommen und ihre Kreuzchen setzen dürfen. Auch an die Kinder, die an dem Tag verhindert sind, ist gedacht: Briefwahlen wurden eingeführt. Mit einer Wahlliste wird sichergestellt, dass niemand zweimal wählt. Während im ersten Jahr nur die gewählte Partei das Sagen hatte, gibt es nun auch eine aktive Opposition. An jedem Dienstag Nachmittag gibt es Parteisitzungen, zu denen bei Bedarf die Schulleitung oder andere Gesprächspersonen für Diskussionen und Verhandlungen eingeladen werden. Und so haben wenige Stunden 2009 dazu beigetragen, eine ganze Schulkultur für mehrere Generationen von Kindern zu verändern.

Ist an Ihrer Schule Platz dafür, dass solche Ideen von Kindern wachsen können? Haben auch Sie den Mut, Kinder in Schulstrukturen eingreifen zu lassen? Das Beispiel zeigt auf beeindruckende Weise, wie Kinder etwas aus eigener Energie vorantreiben, wenn sie eine Leidenschaft und Sinnhaftigkeit verspüren und sich in ihrem Tun ernst genommen fühlen.

Partizipation als Thema für den Unterricht

Bisher ging es um die praktische Umsetzung von Partizipation von und mit Kindern. Aber ganz im Sinne dessen, dass Informationen dabei helfen, etwas zu durchdringen und anzuwenden, sorgen Sie für mehr Fachwissen zum Thema. Partizipation nur als theoretische Unterrichtseinheit zu sehen, bringt eine Schule in Sachen Partizipation natürlich nicht weiter. Als Baustein innerhalb einer partizipativ gestalteten Schule allerdings hat sie ihre Berechtigung. Denn die eigene Situation auf einer abstrakteren Ebene anzuschauen kann sie verständlicher machen.

Themenfelder, die im Unterricht besprochen werden können:

- Was ist Mitbestimmung? Und was braucht es, damit Partizipation gelingt?
- Wie kann das erlebte Schulsystem eine Miniatur der großen demokratischen Gesellschaft sein, die es in Deutschland drumherum gibt?
- Was sind Kinderrechte, welche gibt es und wo kommen sie her?
- Welche Rechte hatten Kinder in der Vergangenheit in Schule und Familie? Und wie sieht es heute damit in Deutschland, aber auch in anderen Ländern aus?
- Wie hat sich die Schule, an der Sie selbst gerade sind, in der Hinsicht entwickelt? Womit hat es angefangen, dass Ihre Schule sich mit Partizipation auseinandergesetzt hat? Welche Strukturen gibt es noch nicht so lang? Wie haben Pädagoginnen, Schülerinnen und Eltern auf die Veränderungen reagiert?

Die Fragen lassen sich für die Kinder stets auf die eigene Lebenswelt beziehen, denn sie selbst sind direkt davon betroffen. Interessant kann es also sein, im Unterricht zu überlegen, an welchen Stellen Kinder selbst Partizipationsräume erleben – in der Schule, in der Familie, in der Gemeinde, im Verein. Lassen Sie die Kinder erzählen, wie sie die Möglichkeiten und Grenzen erleben. Nutzen sie es aus, dass sie ihre Meinung äußern könnten? Und wie geht es ihnen damit? Wo würden sie gerne mehr mitentscheiden, werden aber nicht einbezogen? Vielleicht wissen die Kinder noch gar nicht so genau, wo sie überall mit ihren Ideen gefragt wären und Einfluss nehmen könnten? Machen Sie sich gemeinsam auf die Suche. Wie wäre es zum Beispiel, wenn das Thema Ihre Klasse aus den Unterrichtsräumen hinausführt? Recherchieren Sie doch mal, ob es in Ihrer Gemeinde eine Kindersprechstunde bei der Bürgermeisterin gibt – und gehen Sie gemeinsam hin.

2.2.3 Leistungsbeurteilung

Seit einigen Jahren bewegt sich etwas in der Schullandschaft: Schülerinnen dürfen mancherorts ohne die drohenden (oder für manche auch belohnenden) Zensuren lernen. Die Entscheidung der Leistungsbeurteilung ist Ländersache. In Schleswig-Holstein beispielsweise haben die Grundschulen seit dem Schuljahr 2014/15 die Wahl, ob und ab wann sie Noten ausgeben wollen. In anderen Teilen Deutschlands gibt es unterschiedliche Regelungen, ab wann es Noten

gibt und ob diese durch verbale Beurteilungen und Beratungsgespräche ergänzt oder zeitweise ersetzt werden. Auch sind Abschlusszeugnisse am Ende der Grundschulzeit mancherorts Empfehlungen gewichen. Die Abschlusszeugnisse verlieren dadurch ihre Funktion als Zugangsinstrument zu weiterführenden Schulen. Eltern bleibt die eigenständige Entscheidung überlassen, welche Schulform sie – auf Grundlage der Empfehlungen oder sie ignorierend – für ihr Kind am besten halten.

Umstritten sind diese Entwicklungen nach wie vor, denn Verfechterinnen von Noten sehen in diesen die einzig gerechte Möglichkeit, um Leistung abzubilden und der Selektionsfunktion von Schulen nachzukommen. Pädagoginnen, die sich stärker an Kindern orientieren möchten, können sich aber freuen. Die neuen Regelungen gewähren mehr Flexibilität hinsichtlich Beobachtungen, Beurteilungen und Bewertungen in der Schule. **Lernen wird in seiner Gesamtheit thematisiert, anstatt Klausurergebnisse über alles andere zu stellen.** Lernwege können individuell betrachtet werden und Schülerinnen so einen Mehrwert für die weitere schulische Entwicklung liefern.

Grundüberlegungen zum Thema Notengebung

Bevor wir uns mit alternativen Bewertungsformen befassen, schauen wir uns zunächst ein paar Hintergründe zur Zensurenvergabe an.

Bezugsnormen als Basis für die Notengebung

Um Noten festzulegen, kann man drei Arten von Bezugsnormen anlegen (vgl. Maier 2015, S. 85 ff.):

- individuell: Der Lernfortschritt eines Kindes wird herangezogen. Ist der Lernfortschritt für das einzelne Kind gesehen ein sehr guter, so wird er als solcher gewertet.
- sozial: Die Leistungen eines Einzelnen werden mit einer Gruppe anderer verglichen. Ist ein Kind im Vergleich zu einem anderen Kind innerhalb der Bezugsgruppe – in der Regel innerhalb der Klasse – sehr gut, so bekommt es eine entsprechende Note.
- sachlich: Im Vorhinein werden Anforderungen festgelegt, die erreicht werden müssen. Je nach Erreichungsgrad ist die Note besser oder schlechter.

Beschreibung ist nicht gleich Bewertung ist nicht gleich Beurteilung

Bohl differenziert das Beurteilungsverfahren in mehrere Phasen aus (vgl. Bohl 2009, S. 58 ff.). Zunächst wird eine Leistung beobachtet und im Anschluss daran beschrieben. Die Beschreibung wird in Zusammenhang mit der ausgewählten Anforderung gesetzt, die beispielsweise als Anforderungskatalog vorliegen kann. Erst dadurch erhalten die Beobachtungen eine Wertigkeit, die als Bewertung festgehalten werden kann. Die Leistungsbeurteilung wiederum ist die Zusammenfassung mehrerer Einzelbewertungen.

Wissenschaftliche Ansprüche an Leistungsbeurteilungen

Wie können Noten möglichst gerecht werden? Aus der Diagnostik sind die Gütekriterien Objektivität, Reliabilität – also die Wiederholbarkeit der Messergebnisse – sowie Validität – die Ergebnisgültigkeit – bekannt. Diese sind auf den schulischen Kontext nur teilweise übertragbar. Bohl hält deshalb Kriterien fest, die für Schulen angewandt werden können (vgl. Bohl 2009, S. 76 ff.):

- Validierung durch Kommunikation der Beteiligten miteinander
- Transparentes Verfahren mit Beteiligungsmöglichkeiten
- An den Unterricht und die Ziele angemessenes Verfahren
- Kontextabhängige Anpassungsmöglichkeiten des Bewertungsverfahrens
- Betrachtung der Bewertungspraxis im Gesamtkontext Schule sowie gemeinsame Vereinbarungen innerhalb einer Institution.

Daraus leitet Bohl vier eigene Gütekriterien ab, die er an Leistungsbewertungen anlegen möchte:

- In einer Schule sollte es eine gemeinsame Rahmenkonzeption geben, nach der sich die Lehrenden richten können. In dieser kann beispielsweise festgehalten werden, welche Prüfungsformen es in der Schule geben darf. So stützt sich die gesamte Lehrerschaft auf gleiche Grundlagen. Die detaillierte Ausgestaltung kann trotzdem in allen Klassen anders aussehen.
- Die zu überprüfenden Kriterien passen zu dem Unterricht, sind verständlich und realistisch erreichbar. Sie kommen regelmäßig auf den Prüfstand und werden bei Bedarf überarbeitet.
- Bewertungen stehen nicht, wie häufig praktiziert, am Ende eines Lernprozesses, sondern sind Teil davon. Sie werden für individuelle Beratungen

aufgegriffen und geben Kindern die Chance, sich weiterzuentwickeln und Fehler oder Wissenslücken auszugleichen. Zur Unterrichtsplanung kann es gehören, mit den Kindern gemeinsam eine Bewertungskonzeption zu entwickeln, wodurch es für die Kinder einfacher wird, sich auf den folgenden Lernweg einzustimmen.

- Kinder werden in alle Phasen der Bewertung einbezogen. Dies betrifft sowohl die Vorbereitung von Bewertungsverfahren, die eigentliche Durchführung sowie die Reflexion und gegebenenfalls die Anpassung des Verfahrens. Es entsteht eine Feedbackkultur, in der Kinder Feedback sowohl annehmen als auch Kritik angemessen äußern können.

Gerade bei den zwei letztgenannten Gütekriterien wird deutlich, dass Kinder in Bewertungsverfahren mitbestimmen sollten, um Noten, verbale Beurteilungen, Beratungsgespräche oder andere Formen des Feedbacks zu gehaltvollen und nützlichen Instrumenten im Lernprozess zu machen.

Mögliche Fehler bei der Leistungsbeurteilung

Merken partizipationskritische Lehrerinnen an, dass Kinder viel zu befangen seien, um selbst bei der Leistungsbeurteilung mitzuwirken, so sei daran erinnert, wie groß die Anzahl möglicher Fehlerquellen ist, wenn Lehrerinnen alleine für die Notenvergabe zuständig sind. Zwei Personen können die gleiche Situation ganz unterschiedlich wahrnehmen, da zum Beispiel ihre eigenen persönlichen Prägungen eine Rolle spielen, Rahmenbedingungen mehr oder weniger einbezogen werden, die subjektive Sicht auf ein Kind variiert oder bewertungsirrelevante Faktoren das Urteil beeinflussen (vgl. Jürgens und Lissmann 2015, S. 73 ff.). Werden dagegen mehrere Personen nach ihrer Meinung gefragt, so wird der Einfluss von Fehlerquellen minimiert. Ergebnisse erhalten eine höhere Gültigkeit.

Und warum überhaupt Bewertungen in der Schule?

Konstruktives Feedback zu erhalten ist für die eigene Weiterentwicklung sehr wertvoll, vorausgesetzt man schafft es, das Feedback anzunehmen und für sich zu nutzen. Rückmeldungen anderer können dabei helfen, eigene Leistungen einzuschätzen, Stärken zu identifizieren und Lücken im Lernen auszumachen. Reflektieren Kinder ihren eigenen Lernprozess mit, so lernen sie, sich

selbst besser einzuschätzen. Geben sie auch anderen Kindern Feedback, denken sie sich in das Lernen anderer ein, erwerben Kommunikationskompetenzen und profitieren so selbst davon. Schule mit ihrer Bildungsfunktion soll Kinder in ihrem Lernen bestmöglich begleiten und unterstützen. **Ein zentrales Instrument für die Begleitung ist Feedback.**

Die Aufgabe, Kinder nach ihren Fähigkeiten für den weiteren Bildungsweg zu selektieren, sollte weit hinter der Aufgabe der Bildung liegen. Entsprechend müssen Bewertungen in der Schule so gestaltet sein, dass sie ihren Mehrwert zum Lern- und Bildungsprozess tatsächlich liefern.

Im Idealfall schaffen es Lehrkräfte, dass sich in ihren Klassen eine Rückmeldekultur entwickelt, in der es normal ist, dass Kinder sich gegenseitig Feedback geben, und Lehrende Rückmeldungen geben können, die nicht direkt in eine Bewertung übergehen. Kinder sollen etwas lernen, ohne über ihre Lernerfolge Rechenschaft ablegen zu müssen. **So können Kinder Fehler thematisieren, ohne Sorge haben zu müssen, dass die Offenheit negative Auswirkungen auf die Leistungsbeurteilung haben wird.**

So lange es möglich ist, in Schulen auf Bewertungen zu verzichten, sollten Lehrende dies nutzen, um den Druck aus dem Lernen zu nehmen. Dem Lernen und Lehren täte es gut, würde man in Schulen auf Zensuren in der aktuell üblichen Form verzichten. Schließlich ziehen Noten für sich keine Leistungsförderung nach sich und besitzen nur eine sehr eingeschränkte Aussagekraft. Man sollte sich klar machen, dass Zensuren in erster Linie der Auslese und der Eingruppierung von Kindern in Raster dienen.

Darunter geht es nicht! – Transparenz im Bewertungsverfahren

Selbst wenn Kinder keinen direkten Einfluss auf die Bewertungen in Ihrem Unterricht nehmen sollen, ist ein Minimum zu erfüllen: Sie müssen Kinder darüber informieren, wie ihre Noten zustande kommen. Überlegen Sie sich zu Beginn jeder Unterrichtseinheit, was Sie für Ziele mit dem Unterricht verfolgen. Darauf aufbauend legen Sie fest, welche Leistung während dieser Einheit überprüft werden soll, und machen geeignete Prüfungswege dafür aus. Halten Sie diese Planung so fest, dass Sie sie den Kindern vorstellen können. Da die Kinder zu Beginn einer Einheit noch nicht einschätzen können, was auf sie zukommt,

sollten die Kinder im Lauf der Einheit die Möglichkeit erhalten, Fragen zu den Anforderungen zu stellen.

Sie müssen die Pläne ändern, weil Sie merken, dass sie nicht zur Unterrichtsrealität passen? Das ist möglich, wenn Sie die Kinder über die Änderungen informieren.

Die Transparenz über das Bewertungsverfahren gibt Kindern die Chance, sich auf Prüfungen vorzubereiten und im Nachhinein das Urteil nachzuvollziehen. Fühlen sie sich ungerecht bewertet, können sie aktiv werden und bleiben nicht mit dem Gefühl der Machtlosigkeit zurück.

Praxistipp

PHASEN EINER UNTERRICHTSEINHEIT UNTER BETEILIGUNG ALLER

Kinder können in alle Phasen der Unterrichtseinheit einbezogen werden. Wir schauen uns nun die Zeiten vor, während und nach einer Einheit getrennt voneinander an.

Machen Sie sich das Leben von Beginn an leichter, indem Sie für die Unterrichtsvorbereitung mit den Kindern einen Leitfaden entwickeln, der jedes Mal wieder angewandt werden kann. Denn die Fragen wiederholen sich immer wieder:

- Was sind die Inhalte und Lernziele der Einheit?
- Welche Form wird das Ergebnis haben? Wird es beispielsweise eine Klausur geben, eine Projektarbeit oder eine Präsentation?
- Arbeiten alle auf die gleiche Prüfungsform hin oder können individuelle Entscheidungen getroffen werden? Wann legen die Kinder sich fest, wenn sich die Formen unterscheiden dürfen?
- Was steht am Ende? Zensuren, mündliches oder schriftliches Feedback oder braucht es gar keine Bewertungen?
- Wer wird die Bewertungen vornehmen? Legen Sie sie alleine fest, mit dem geprüften Kind zusammen oder wird die gesamte Klasse beteiligt?

- Und auch die Antwortmöglichkeiten variieren in der Regel kaum. Deswegen empfiehlt es sich die Fragen sowie die Antworten als Kärtchen vorzubereiten, die man zur Planung des Unterrichts herausziehen kann.

Vor der eigentlichen Unterrichtseinheit

- Bevor Sie die Fragen mit den Kindern besprechen, benötigt es zunächst Ihre Vorarbeit. Was sind Ihre Vorgaben, die nicht zur Diskussion stehen? Was schließen Sie bereits aus und lassen es deshalb ebenfalls nicht als Antwortoptionen zu? Teilen Sie den Kindern Ihre Entscheidungen mit. Die noch offenen Fragen klären sie miteinander.
- Bei den Inhalten und Lernzielen haben Sie den Schülerinnen gegenüber einen klaren Wissensvorsprung. Deswegen ist es eher schwierig, Kinder ernsthaft daran zu beteiligen, die Einzelaspekte zu identifizieren. Eine Möglichkeit ist, vergleichbare Einheiten heranzuziehen und den Kindern die Gemeinsamkeiten aufzuzeigen, damit sie eine Vorstellung davon haben, was relevant werden kann.
- In den meisten Fällen wird die Partizipation bei diesem Planungsschritt darin bestehen, den Kindern die Ziele zu erklären und Transparenz zu schaffen.
- Anders sieht es bei den restlichen Überlegungen aus. Damit die Schülerinnen zu Beginn nicht von der Fülle der Fragen überfordert werden, gehen Sie Schritt für Schritt vor. Das Prinzip ist das gleiche wie bei den anderen Partizipationsthemen auch. Geben Sie zunächst ein festeres Raster vor und übergeben Sie nach und nach mehr Entscheidungsmacht in die Hände der Kinder. Das verschafft auch Ihnen Zeit, um Vertrauen in die planerischen Fähigkeiten der Kinder zu erlangen. Die Kinder sollten die verschiedenen Formen von Bewertungen zunächst kennengelernt haben, bevor sie eine Entscheidung treffen können. Haben sie noch nie eine Projektarbeit mit anderen Kindern durchgeführt, werden sie diese nicht gegenüber anderen Optionen abwägen können.
- Um mit den Kindern nicht immer wieder von neuem anfangen zu müssen, entwickeln Sie Raster für die unterschiedlichen Arbeits- und Prüfungs-

formen. Bei einem Vokabeltest oder einem Diktat mag es eindeutig sein, was zu bewerten ist. Bei einer Präsentationsprüfung kommen aber weitere Kriterien dazu. Dass die verständliche Aufbereitung der Lerninhalte sowie das deutliche Reden vor der Klasse Einfluss auf die Bewertung haben, muss nicht für jede Präsentation neu herausgearbeitet werden. Lassen Sie in die Raster auch die Gewichtung der Punkte einfließen.

- Die erarbeiteten Raster dürfen für kommende Einheiten angepasst werden, falls beispielsweise einzelne Kriterien besonders hervorgehoben und andere vernachlässigt werden sollen.
- Sobald die Vorplanungen abgeschlossen sind, machen Sie sie an einem Ort im Klassenzimmer sichtbar. Ein Wandaushang ist genauso geeignet wie ein für alle Kinder zugänglicher Ordner, in dem die Beschlüsse festgehalten sind.

Voll im Prozess

Während der Unterrichtseinheit orientieren sich alle an den vorherigen Festlegungen. Waren Planungen unrealistisch, überarbeiten Sie sie in Absprache mit den Kindern. Schließlich ist nichts gewonnen, wenn Sie sich durch die Pläne selbst im Weg stehen.

Wie bereits erwähnt, sollte die Bewertung einen Mehrwert für das Lernen haben, weshalb sie nicht als Endpunkt einer Einheit gesehen werden soll. Geben Sie während der Einheit bereits Rückmeldung, so können Kinder sich während des Lernens verbessern, da sie frühzeitig ihre Kompetenzen und Lücken einschätzen können. Selbst wenn am Ende Klausuren geschrieben werden sollen, können Sie einplanen, dass es beispielsweise Phasen gibt, in denen sich die Kinder gegenseitig Feedback geben oder sie Instrumente zur Selbstkontrolle ausgehändigt bekommen. So sind Kinder Akteure ihres eigenen Lernens, nehmen sich gegenseitig als Unterstützung wahr und sind nicht so abhängig von Ihnen als scheinbar „Alleinwissende".

Bewerten Sie alleine, zeigen Sie den Kindern danach, was Sie wie bewertet haben. Vor allem gilt das bei der Vergabe von Ziffernoten, die am Ende nicht

mehr nachvollziehen lassen, wie sie genau zustande kamen. Diese Transparenz gilt auch, wenn andere am Bewertungsverfahren beteiligt sind.

Findet die Bewertung **gemeinsam mit mehreren Kindern**, oder aber unter den Kindern alleine statt, ist eine Ihrer wichtigen Aufgaben, auf die Einhaltung von Kommunikationsregeln zu achten. Ein respektvoller Umgang miteinander ist unerlässlich. Die Konsequenzen von Bewertungen müssen den Kindern klar sein, bevor sie diese Bewertungen vornehmen. Keine Frage: Andere Kinder zu bewerten und umgekehrt, sich bewerten zu lassen, fordert Vertrauen untereinander und kann schnell zu Konflikten in einer Klasse führen. Haben Sie den Eindruck, dass Kinder sich der Aufgabe nicht gewachsen fühlen, schließen Sie die Bewertungsoption vorübergehend aus und bereiten Sie sie schrittweise mit den Kindern vor, damit sie langfristig (wieder) beteiligt werden können.

Setzt sich eine **Bewertung aus Ihrem Urteil und dem des zu bewertenden Kindes zusammen**, überlegen Sie sich, welche Form für den Austausch angemessen ist. Füllen Sie jeweils ein Bewertungsraster aus? Führen Sie ein Gespräch miteinander, in dem Sie sich zu Ihrer Wahrnehmung austauschen?

Sobald Kinder einen Einfluss auf Zensuren haben, muss geklärt werden, wessen Bewertung wie stark auf das Ergebnis einwirkt. Sind Sie als Lehrerin gleichberechtigte Teilnehmerin im Bewertungsverfahren und haben entsprechend eine einfache Stimme wie alle anderen auch? Oder werden die Urteile der Kinder zusammengefasst und bilden 50 % der Leistungsbewertung, wobei Ihre Meinung die andere Hälfte der Note ausmacht? Oder haben die Kinder eher eine beratende Funktion, könnten in ihrer Wahrnehmung aber auch völlig ignoriert werden, wenn Sie eine andere Note vergeben möchten?

Haben Sie die Regelung vorher kommuniziert, werden die Schülerinnen das Verfahren akzeptieren, auch wenn ihr Einfluss (zunächst) kein großer wäre.

Den Blick zurückwerfen

Die Pläne im Nachhinein zu reflektieren, ist genauso relevant wie die vorherigen beiden Schritte. Zwar wird die Reflexion die Unterrichtseinheit nicht

mehr rückwirkend verändern, aber sie wird sich auf die kommenden Planungen auswirken. Planen Sie die gleiche Einheit im kommenden Jahr erneut mit einer anderen Klasse, lassen Sie die Rückmeldungen einfließen. Häufig ähneln sich außerdem Unterrichtsinhalte und -ziele und somit auch deren Bewertungsverfahren.

Haben Sie für verschiedene Prüfungsformen Raster vorangefertigt, können diese verfeinert oder verändert werden und bleiben dadurch für die Zukunft nutzbar. Überprüfen Sie gemeinsam mit der Klasse beispielsweise, ob wichtige Aspekte der Lerneinheit unberücksichtigt, oder aber überrepräsentiert waren. Eine Leitfrage sollte auch sein, ob die Kinder sich gerecht beurteilt fühlen und ob die Bewertungen zum Lernen beigetragen haben. Außerdem sollte hinterfragt werden, ob die Prüfungsformen und die Bewertung zu den Unterrichtsinhalten und -zielen gepasst haben. Da die Kinder diese im Nachhinein ja kennen, können sie sich dazu nun auch äußern – was in der Vorbereitung durch den fehlenden fachlichen Wissenshintergrund ja häufig noch nicht möglich war.

Kooperieren Sie auch mit ihrem Kollegium. Von den Erfahrungen, die Sie in Ihrer Klasse gemacht haben, können andere profitieren. Berichten Sie sich sowohl von Erfolgen als auch von Situationen, die Sie unzufrieden gemacht haben und die Sie so nicht wiederholen möchten.

Lieber rede ich über Gelerntes – Freie Wahl der Prüfungsform

Nicht nur, wer bewertet, hat einen Einfluss auf die erbrachten Leistungen. Auch die Prüfungsform kann sich darauf auswirken. Manchen Kindern fällt es am leichtesten, Gelerntes in einer mündlichen Prüfung darzubieten und im Gespräch Fragen zu beantworten oder sich zu positionieren. Andere bereiten Präsentationen vor, in denen sie in ihrer Klasse zeigen, was sie an neuem Wissen erworben haben. Und nochmal andere sind dankbar dafür, wenn sie nicht im Mittelpunkt stehen müssen und eine Klausur schreiben dürfen.

Ist es Ihnen wichtig, dass Kinder ihre Leistung durch eine ganz bestimmte Prüfungsform nachweisen? Und wenn es beispielsweise eine schriftliche Klausur ist, denken Sie daran, dass Kinder, die langsamer schreiben, anderen gegen-

über im Nachteil sind – unabhängig von den eigentlich überprüften Lernständen? Machen Sie sich bewusst, dass Prüfungen möglichst nur den Wissensstand zu einem bestimmten Inhalt testen sollen und Rahmenfaktoren einen geringstmöglichen Einfluss haben müssen.

Der störende **Einfluss von Fähigkeiten, die mit dem eigentlichen Inhalt nichts zu tun haben**, kann verringert werden, wenn Kindern verschiedene Prüfungsformen zur Verfügung gestellt werden. Was ist in Ihrem Schulalltag für Sie und die Klasse realisierbar? Probieren Sie es aus, Kinder selbst auswählen zu lassen, wie sie ihre Bewertung erhalten wollen. Die Kinder sollten die verschiedenen Formen davor bereits selbst angewendet haben, bevor sie die Entscheidung über ihren eigenen Weg treffen. Machen Sie also eine Einheit, an deren Ende eine Präsentation steht. Und eine andere, die Sie mit einer schriftlichen Klausur beenden. Danach können die Kinder einschätzen, welche der beiden Formen ihnen besser liegt.

Anders sieht die Situation aus, wenn es Ihnen darum geht, dass Kinder **durch die Prüfungsform bestimmte Kompetenzen erwerben**. Im Sinne der Transparenz erklären Sie den Kindern, welche Kriterien in die Bewertung einfließen werden. Erläutern Sie beispielsweise, dass es Ihnen wichtig ist, dass die Kinder lernen, vor einer Gruppe klar und deutlich zu sprechen und sie deshalb eine Präsentation halten sollen.

Die Rolle von Eltern bei der Leistungsmessung

Eltern haben das verständliche Interesse zu erfahren, wie sich ihre Kinder in der Schule entwickeln. Viele geben sich mit Zeugnissen und einem Elterngespräch im Jahr zufrieden, das sie in der Regel alleine mit der Lehrkraft führen. Aber es gibt auch andere Beispiele, wie Eltern in das Schullernen einbezogen werden.

Jenaplan-Schulen binden Eltern direkt ein. Dafür hat der Reformpädagoge Peter Petersen zwei voneinander getrennte Formen von Beurteilungen entwickelt – jeweils angepasst für Schülerinnen und Eltern (vgl. Bohl 2009, S. 55).

Für Petersen spielt die Kooperation mit den Eltern eine große Rolle. Gemeinsam soll darauf hingewirkt werden, dass Kinder bestmöglich gefördert werden. Eltern erhalten einen „objektiven Bericht", der so viele Aspekte des Lernens

aufgreift wie möglich und sowohl positive wie negative Gesichtspunkte beinhaltet. Eltern können den Bericht einsehen und selbst Stellung dazu beziehen. Sie ergänzen den Bericht mit ihren Ansichten, sodass ein umfassendes Bild des Kindes gezeichnet wird. Diese verschiedenen Perspektiven werden aufgegriffen, um den Kindern zu Hause wie auch in der Schule eine passende Lernumgebung zu gestalten. Petersen ist es wichtig, dass dieser objektive Bericht nicht in die Hände der Kinder gerät.

Sind Kinder die Adressaten einer Beurteilung, liegt der Fokus vor allem in der **Ermutigung und Bestärkung durch eine Beurteilung.** Sie erhalten deshalb einen „subjektiven Bericht", für den sorgsam ausgewählt wird, welche Leistungen genannt werden und wie diese dargestellt sind. Der Bericht soll eine erzieherisch-motivierende Wirkung auf die Kinder haben.

Mit den Beurteilungen werden also spezielle pädagogische Ziele verfolgt. Sie sind so aufbereitet, dass sie ihren Zweck erfüllen, und haben somit eine Daseinsberechtigung als didaktisches Werkzeug im Rahmen der Jenaplan-Schulen.

Auch wenn bei Petersen die Beurteilungen ihren Zweck erfüllen, Kinder möglichst vielseitig wahrzunehmen und sie zu bestärken, kann man kritisieren, dass Kinder – in diesem Fall bewusst – teilweise aus der Rückmeldung herausgenommen werden und die Transparenz über die Gespräche fehlt. Anders macht es eine Montessorischule, die vor einigen Jahren ein eigenes Feedback-Werkzeug entwickelt hat. Die Methode, die für Rückmeldungen angewandt wird, lesen Sie im folgenden Praxistipp.

Praxistipp

ELTERN UND KINDER AN EINEM TISCH

In einer Montessorischule wurde eine Methode entworfen, mit der die Pädagoginnen mit den Kindern das Gespräch vorbereiten. Verschiedene Disziplinen sind als Blumen auf einer Wiese dargestellt. Die einzelnen Blätter stehen für Teilbereiche innerhalb der Disziplin. Es gibt also zum Beispiel eine Blume, in deren Zentrum „Deutsch" steht und in deren Blütenblättern „Lesen", „Geschichten schreiben" und „Rechtschreibung". Die Inhalte der Blumen sind dabei nicht vorgefertigte Bestandteile, sondern werden – teilweise von der Päda-

gogin, teilweise vom Kind selbst – individuell eingetragen. Neben den schulischen Leistungen werden auch Freizeitaktivitäten sowie andere Themen festgehalten, die ein Kind aktuell beschäftigen und die ihren Platz in der Abbildung erhalten sollen.

Sind die Blumen und Blätter benannt, füllt das Kind die Blätter farbig aus: Hat es den Eindruck, bereits sehr gut lesen zu können, wird das gesamte Blütenblatt „Lesen" in der Blüte mit dem Namen „Deutsch" ausgemalt. Denkt es, dass es Fortschritte gemacht hat, aber noch eine Steigerung möglich und nötig ist, malt es das Blatt nur zum Teil aus. Fühlt es sich noch sehr unwissend, wird das Blatt nicht oder nur wenig mit einer Farbe gefüllt. So verfährt es auch mit allen anderen Blütenblättern. Dadurch wird auf einen Blick sichtbar, wie das Kind die eigenen Leistungen einschätzt (siehe Abb. S. 83). Es kommt nicht darauf an, dass jedes Schulfach thematisiert wird. Stattdessen wird durch die Auswahl eine Priorität auf bestimmte, zurzeit relevante Themen gesetzt.

Im Eltern-Kind-Gespräch dient das Bild als Gesprächsanlass. Gemeinsam werden die Notizen angeschaut und das Kind erklärt, wie es zu seinem Urteil kam. Eltern und die Pädagogin können nachfragen oder auch eine bestätigende oder kontrastierende Meinung äußern. Am Ende des Gesprächs werden Ziele herausgearbeitet, die das Kind in der kommenden Zeit begleiten sollen und die der Orientierung dienen. Diese Ziele werden von der Pädagogin in angemessenem zeitlichen Abstand zusammen mit dem Kind nochmals angeschaut, um zu reflektieren, ob Fortschritte zu beobachten sind und welche Unterstützung das Kind noch brauchen könnte.

Dadurch, dass alle am Lernprozess Beteiligten an einem Tisch sitzen, können miteinander Vereinbarungen getroffen werden, die die Schule, aber auch die Familie oder die Freizeit betreffen. Kinder fühlen sich gesehen und wertgeschätzt, auch weil sie nicht nur auf ihre schulischen Leistungen reduziert werden. Auch ihre Stärken außerhalb der Schule werden thematisiert. Außerdem werden sie nicht dadurch verunsichert, dass über sie gesprochen wird anstatt mit ihnen – wie es sonst bei Elterngesprächen oft der Fall ist.

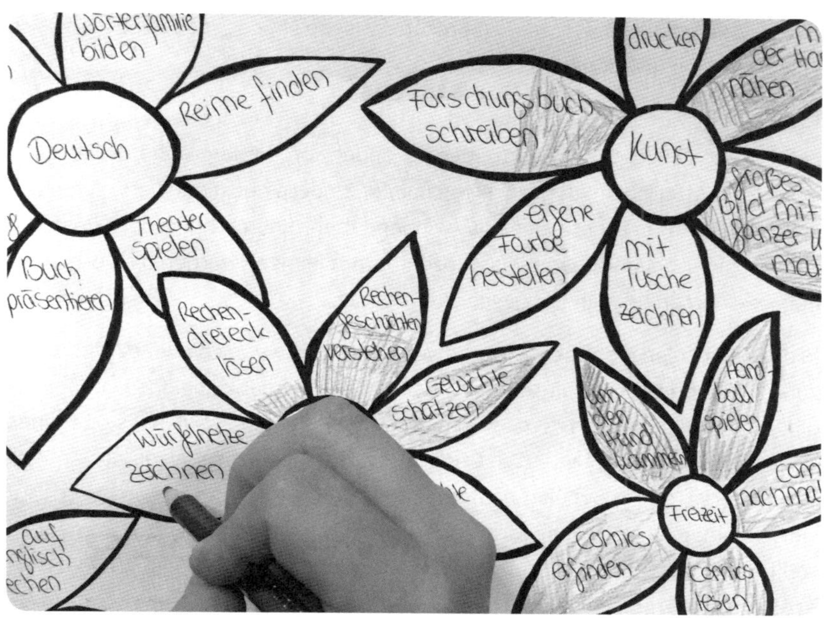

Selbsteinschätzung auf einen Blick

2.2.4 Räumlichkeiten

Räume spielen für das Leben in der Schule eine der größten Rollen. Ihre Gestaltung und die Organisation der Raumnutzung beeinflussen, wie gearbeitet werden kann und auch wie viel Autonomie möglich ist. Es lohnt sich also, das eigene Raumkonzept zu hinterfragen und sich Zeit zu nehmen, mal in ganz neue Richtungen zu denken.

Stellen Sie sich vor, Sie laufen durch einen Schulflur. Wahrscheinlich erscheint in Gedanken rechts und links Tür um Tür, beschriftet mit den Schildern „3b", „2c", „4c". Geht man im Geiste in die Klassenräume hinein, sehen alle ähnlich aus: Tische und Stühle, die bestimmten Kindern zugewiesen sind, Regale mit ein paar Büchern, einzelnen Montessorimaterialien zum Mathematiklernen, eine Weltkarte an der Wand, eine Kiste mit Naturfundstücken in der Ecke. Doch wie wäre es, die Räume anders zu nutzen und sich davon zu verabschieden, dass jede Klasse ein eigenes Zimmer hat, das verschiedenen Zwecken

gleichzeitig standhalten muss? Überprüfen Sie, ob eine der nächsten Ideen sich auch bei Ihnen umsetzen lässt.

Räume mit Funktionen belegen

Es gibt Schulen, die ihre Räume bereits anders organisieren und die dadurch ganz neue Möglichkeiten geschaffen haben, Kindern neuartige Lernräume anzubieten. Dafür brauchte es nicht zwingend mehr Räume oder mehr Ressourcen als zuvor bei den festen Klassenzimmern. Vielmehr wurden die vorhandenen Ressourcen einfach nur geschickt genutzt.

In diesen Schulen gibt es eine Mathewerkstatt, in der verschiedene Materialien zur Verfügung stehen, mit denen Kinder sich Mathematik aneignen können. Es gibt ein ABC-Zimmer, in dem lesen und schreiben geübt werden. Es gibt einen Weltraum mit allem, was das Geografenherz höherschlagen lässt. Anstatt Lernmaterial, das in Schulen häufig identisch mehrfach angeschafft wird, auf viele Zimmer zu verteilen, wird in den Funktionsräumen alles zusammengestellt, was zu einem Lernbereich gehört. Dadurch können Sie Kindern eine **viel größere Auswahl an Lernutensilien** anbieten oder aber **mehr von einem bestimmten Material** zugänglich machen. Denn es ist deutlich sinnvoller beispielsweise 150 Bausteine an einem Ort zu haben, um damit zu experimentieren, als in jedem der 15 Klassenzimmer jeweils zehn.

Auch für Sie können die Funktionsräume zu einer deutlichen Entlastung werden. Nutzen Sie aus, dass Sie selbst Expertin für ein bestimmtes Thema sind und kümmern Sie sich entsprechend um einen der Funktionsräume. Sie lieben Biologie? Dann werden Sie mit großer Leidenschaft und vielen Ideen dafür sorgen, dass der Biologieraum eine ansprechende Lernumgebung bietet. Auf diesem Weg verabschieden Sie sich von der Vorstellung, Expertin für alles sein zu müssen, wie es in Grundschulen mit Ausnahme von wenigen Fächern in der Regel gehandhabt wird.

Wenn Sie gerne daran festhalten möchten, mit Ihrer Klasse in einem bestimmten Raum zu sein, ist das verständlich. Dennoch bietet es sich an, die Idee mit den Funktionsräumen zu verfolgen: Jedes „klassische" Klassenzimmer könnte zusätzlich ein Themenfeld abdecken. Sie als Biologieliebhaberin könnten den Raum diesem Schwerpunkt widmen. Während der unterrichtsfreien Zeiten können die Zim-

mer dann auch von anderen Kindern genutzt werden, die sich gerne dort aufhalten. Haben Sie in Ihren Tagesablauf freie Lernzeiten für die Kinder eingeplant, können Sie auch die Regelung treffen, dass Sie mit Ihrer Klasse beispielsweise während der ersten zwei Stunden in Ihrem eigenen Zimmer sind, um Klassenspezifisches zu machen. In den nächsten zwei Stunden verteilen sich alle Kinder verschiedener Klassen auf die Funktionsklassenräume, in denen sie gerne arbeiten möchten. Sie bleiben aber als Biologieexpertin in Ihrem Klassen- und Biologieraum und begleiten diejenigen Kinder, die sich mit Biologie beschäftigen möchten. Danach haben Sie eine weitere Stunde mit Ihrer eigenen Klasse in Ihrem Zimmer, um sich z. B. über den Lernfortschritt der letzten zwei Stunden auszutauschen.

Solche Strukturen für eine ganze Schule zu entwickeln, braucht Zeit. Wie wäre es, wenn Sie als ersten Schritt klassenstufenweise denken? Teilen Sie Fächer – beispielsweise Sachkunde und Fremdsprachen – auf die Klassenzimmer der verschiedenen dritten Klassen auf und organisieren Sie sich so, dass Kinder sich zu bestimmten Zeiten durch alle diese Räume bewegen dürfen und sich ihren Arbeitsplatz selbst wählen. Wenn erst einmal klar ist, wie es mit wenigen Klassen funktioniert, kann man auch in größeren Strukturen denken.

Welche Raumfunktionen könnte es an Ihrer Schule geben?

- Fachspezifische Räume
- Ein Raum, an dem man konzentriert Einzelarbeiten erledigen kann
- Ein Raum, in dem Gruppenarbeiten möglich sind
- Ein Raum, in dem man sich bewegen kann, ohne andere zu stören
- Ein Raum zum Experimentieren, der unempfindlich ist
- Ein Raum, in dem Präsentationen vorbereitet werden
- Ein Raum zum Kreativsein
- Ein Raum, um zu entspannen und auszuruhen

Bei der Nutzung von Räumen kann man von innovativ denkenden Firmen einiges lernen. Dort verabschiedet man sich davon, dass alle Mitarbeitenden einen festen Arbeitsplatz haben. Alle persönlichen Arbeitsmaterialien werden in einem Rollcontainer verstaut und können jederzeit flexibel von einem Ort zu einem anderen gebracht werden. Je nachdem, was an einem Tag erledigt werden muss, wird ein passender Arbeitsplatz gewählt. Es gibt ein Meeting mit

drei Kolleginnen? Dafür eignet sich der kleine Konferenzraum. Eine kreative Idee soll entstehen? Das geht am besten bei einem Kaffee im Sessel in der Lounge. Heute darf niemand stören? In der Bibliothek ist für alle klar, dass nur leise gearbeitet werden darf. Durch das Umdenken und Umstrukturieren bei Fragen der Raumnutzung werden Firmen den verschiedenen Arbeitsanforderungen, aber auch den unterschiedlichen Arbeitstypen gerecht.

Anregende Lernumgebungen schaffen

Alleine durch eine gelungene Raumnutzung können Lernprozesse bei Kindern angestoßen werden. Ist eine Lernumgebung anregend gestaltet, braucht es nicht mehr viel zusätzlichen Aufwand von Ihrer Seite, um neugierig zu machen und zum Ausprobieren einzuladen. So spricht man in der Reggiopädagogik sogar davon, dass der Raum der dritte Erzieher ist.

Damit ein Raum entsprechend wirken kann, braucht es zunächst Ihre Fachkompetenz und Ihr Engagement, um passende Formen für die Darstellung der Lerninhalte zu finden. Präsentieren Sie besonderes Material auf einem Schautisch. Verteilen Sie Impulsfragen im Raum, die zum eigenen Forschen anregen. Schaffen Sie Ordnung und Struktur, die bei der Orientierung im Raum helfen.

Inspirierend sind dabei nicht nur die **Materialien**, sondern auch die anderen **Personen**, die sich in einem Raum aufhalten. Spüren Kinder, dass Sie sich gerne mit dem Fach beschäftigen, überträgt sich diese Begeisterung. Noch wichtiger sind aber andere Kinder, die bereits aktiv sind und dadurch andere locken mitzumachen.

Denken Sie für die Gestaltung von Räumen auch über das Standardlehrmaterial hinaus. Der Alltag ist voll mit Dingen, die zum Lernen genutzt werden können. Und so ist der Funktionsraum gleichzeitig ein **Bindeglied zum Leben außerhalb der Schule**. Fordern Sie auch die Schülerinnen dazu auf, die Räume mitzugestalten und ihre Ideen einzubringen. Funktionsräume sind immer in Bewegung und leben von den **Interessen der Kinder und der Erwachsenen**.

Autonomie ermöglichen

Damit die Räume von Kindern eigenständig genutzt werden können, vereinbaren Sie Regeln für jedes Zimmer. Haben Sie viel Material im Raum, ist es emp-

fehlenswert die jeweiligen Aufbewahrungsorte zu markieren. So sehen Kinder auf einen Blick, wo das Material ist, das sie benötigen, und können es nach Gebrauch wieder an den richtigen Platz räumen. Gibt es flexible Möbelelemente, hängen Sie ein Foto an die Tür, wie der Raum am Ende verlassen werden soll. Gibt es empfindliche Materialien, die nur auf eine bestimmte Weise verwendet werden dürfen? Markieren Sie es so, dass Kinder die Hinweise verstehen. Bevor Schülerinnen einen Raum eigenständig nutzen, machen Sie zunächst eine gemeinsame Raumbegehung, bei der Sie die Verhaltensregeln erklären und zeigen, was für Material vorhanden ist.

Ist dies geschafft, spricht nichts mehr dagegen, dass Kinder beispielsweise auch während einer Pause unbeaufsichtigt in einem Atelier sind und dort ihrer Kreativität freien Lauf lassen.

Praxistipp

KLEB MAL! – RÄUME MIT KINDERN WEITERENTWICKELN

Mit dieser Methode machen Sie die Meinung über Ihre Schule für alle sichtbar. Es sollten alle Klassen der Schule innerhalb eines begrenzten Zeitraums daran beteiligt werden. Am besten reservieren Sie eine Woche, in der nach und nach alle Klassen die Aufgabe erfüllen. Die eigentliche Aufgabe ist innerhalb von 45 Minuten lösbar.

Bereiten Sie farbiges und möglichst breites Gewebeband in drei Farben vor, das sich gut wieder von Wänden und Gegenständen ablösen lässt. Außerdem benötigen Sie Papier sowie Stifte, mit denen die Bänder beschriftet werden können.

Nun teilen Sie Ihre Klasse in Kleingruppen auf, die jeweils eine Bandrolle von jeder Farbe, einen Laufzettel, kleine Notizpapiere und einen Stift bekommen. Nun haben die Kinder jeweils eine halbe Stunde Zeit, um durch das Schulhaus zu laufen und Stücke des Gewebebands anzukleben: Gefällt ihnen etwas gut, kleben sie grünes Band an diese Stelle. Sind sie mit etwas unzufrieden, kleben sie orangefarbenes Band auf. Haben sie eine neue Idee, markieren sie die Stelle mit einem gelben Band. Auf jeden Streifen Klebeband schreiben die Kinder mindestens ihre Klasse sowie ihre Namen auf. Können die Kinder bereits mehr schreiben, notieren sie auch, was sie gut finden oder eben kritisch sehen

oder welche neuen Ideen sie haben. Ist der Platz auf dem Band zu knapp, kann daran ein Notizpapier befestigt werden, auf dem alle Kommentare untergebracht werden können.

Auf dem Laufzettel notieren die Kinder den Ort, an dem sie ein Gewebeband aufgeklebt haben, damit am Ende alles wiederzufinden ist.

Im Klassenrat (siehe S. 53) werden die beklebten Stellen besprochen und es wird jeweils gefragt:

- An wen geht das Lob für die grünen Klebestreifen? Warum ist etwas besonders gut? Kann dies als Vorbild für Probleme herhalten?
- Was können wir selbst dafür tun, dass sich die orange beklebten Situationen verbessern? Und wie gehen wir es an?
- Was halten die anderen in der Klasse von den neuen Ideen? Wem können wir unsere neuen Ideen mitteilen, damit sie umgesetzt werden?
- Was muss an das Schulparlament oder an andere Stellen weitergeleitet werden? Und wer kümmert sich darum?

Ziel ist, dass die Kinder sich immer selbst in der Verantwortung sehen, ihren Teil zu einer Veränderung beizutragen. Das gilt sowohl auf Klassen- als auch auf Schulparlamentsebene. Schließlich geht es nicht darum, möglichst viele Arbeitsaufträge an die Erwachsenen zu übergeben.

Wollen Sie die Methode üben, können Sie sie zunächst innerhalb des eigenen Klassenzimmers ausprobieren. Da Sie dies auch nicht mit dem gesamten Kollegium absprechen müssen, können Sie flexibler agieren und auch kurzfristig starten. Auch die Frage, was selbst zur Verbesserung getan werden kann, ist leichter händelbar, als wenn es die gesamte Schule betrifft.

Die Methode eignet sich gut, um Bedarfe für ein komplettes Schuljahr zu erfassen. Sie sollten sich darüber bewusst sein, dass die Ergebnisse meist nicht innerhalb weniger Wochen abgearbeitet sein werden, sondern mehr Zeit und verschiedene Personen beanspruchen werden. Und das sollten nicht nur Sie, sondern auch die Kinder wissen.

Lassen Sie die Klebestreifen in der Schule ruhig so lange hängen bis sie bearbeitet wurden. Oder dokumentieren Sie an der Stelle, welche Lösungen es für negative Kritik gab und was aus neuen Ideen entstanden ist. So sehen alle an der Schule, dass es Ihnen mit Feedback und auch mit Beschwerden ernst ist.

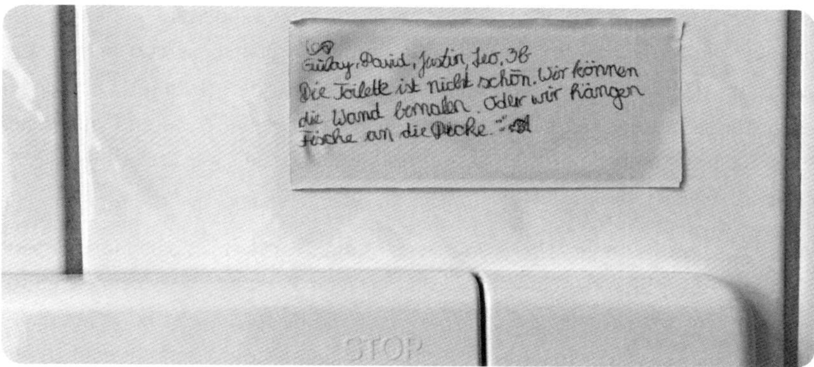

Rückmeldung von Schülerinnen zu den Toilettenräumen ihrer Schule

2.2.5 Regeln

Denkt man an Partizipation, denkt man wohl auch schnell an das gemeinsame Diskutieren und Festlegen von Regeln. Folgende **Regeln für die Regeln** in der Schule dienen der Orientierung:

- Regeln, die Sie im Kollegium alleine treffen, können beispielsweise welche zur Sicherheit der Kinder sein. Diese sind von den Kindern unantastbar.
- Regeln zur Raumnutzung oder zum Spielverhalten können hingegen auch Kinder selbst bestimmen.
- Die Regeln sollten im Allgemeinen nicht nur für die Kinder, sondern auch für die Erwachsenen gelten. Ebenso braucht es für beide Konsequenzen, wenn gegen eine Regel verstoßen wird.
- Machen Sie transparent, welche Beschlüsse es gibt – seien es Ihre Entschlüsse oder die der Kinder. Arbeiten Sie dabei mit Symbolen und Bildern, die Sie an passenden Plätzen aufhängen. Darf zum Beispiel ein Raum nicht betreten werden, kann an der Tür ein rotes Stoppschild hängen. Ist ein Raum zugänglich, hängt ein grünes Schild daran.

- Auch wenn für Erwachsene ein rotes Stoppschild selbsterklärend ist: Kinder benötigen eine Einweisung in die Symbole, damit sie diese auch berücksichtigen können.

Eine Schule ist für gewöhnlich so groß, dass es verschiedene zusammengehörige **Personengruppen** gibt, für die jeweils Regelungen gelten. So gibt es Regeln, die für alle Kinder in allen Klassen Gültigkeit haben. Eine **Klasse** definiert wiederum für sich, wie man den Schulalltag miteinander gestaltet. Die Regeln einer Klasse müssen nicht identisch mit den Regeln einer anderen Klasse sein. Auch für bestimmte **Schulfächer** mag es Regeln geben, die speziell für deren Kontext relevant sind.

Wichtig ist zum einen, dass die Regeln nicht in Widerspruch zueinanderstehen. Zum anderen sollen Regelungen von denjenigen Personen getroffen werden, die sie auch betreffen. Eine Schulkonferenz, die beispielsweise gesamtschulische Regeln festlegt, entscheidet nicht über klassenspezifische Regeln, wenn diese klassenintern vorgenommen werden können.

Durch die verschiedenen Geltungsebenen ist eine der Herausforderungen, die Regeln so aufzubereiten, dass die Schülerinnen die Regeln verstehen und befolgen können.

Praxistipp

Gemeinsame Schulregeln verabschieden

Das Thema für das Jahr im Schulparlament war gesetzt: neue Schulregeln sollten her. Bei sieben Schulstunden für ein komplettes Schuljahr war absehbar, dass die Zeit vollständig für dieses eine Thema genutzt werden muss.

Ziel der parlamentszuständigen Pädagogin war es, Regeln zu formulieren, die einfach geschrieben und leicht zu merken sind und die jede Klasse für sich je nach Bedarf zusätzlich mit Inhalten füllen kann. Als erstes erarbeitete das Schulparlament, warum es an einer Schule überhaupt Regeln für alle braucht. Als es um die Ausarbeitung der Regeln ging, stellte die Pädagogin etwas Interessantes fest: Die Kinder im Parlament hatten genauso Sorge um ihre Freiheiten wie die Pädagoginnen im Kollegium auch. „Die Lehrerin darf mir ein Spiel in der Pause verbieten?

Das will ich nicht als Regel!" „Die Kinder sollen die Schulregeln bestimmen? Ich lasse mir doch nicht sagen, wie ich zu arbeiten habe!" Und so war es die Aufgabe der Pädagogin, immer wieder zu vermitteln, den aktuellen Diskussionsstand in die jeweiligen Gremien zu bringen und Schritt für Schritt die Sorge zu nehmen, dass ein Personenkreis ungerechtfertigt über einen anderen bestimmen dürfe. Die jeweils erarbeiteten Ergebnisse wanderten durch die Schule: Das Parlament überlegte sich Formulierungen, die Klassensprecherinnen brachten diese mit Unterstützung der Erwachsenen zur Diskussion in ihre Klassen, die Pädagogin machte gleiches im Kollegium, alle brachten die Rückmeldungen ins Parlament, und weiter ging es mit dem nächsten Schritt. Viele kleine Regeln, die es zuerst gab, wurden in der Gesamtlehrerkonferenz von den Pädagoginnen geclustert und zu vier Überregeln verbunden. An den genauen Formulierungen arbeitete ein Arbeitskreis. In diesen Arbeitskreis wurden auch Elternsprecherinnen eingeladen. Da die Schulkonferenz, bestehend aus Schulleitung, Eltern- und Klassensprecherinnen sowie der Schulsozialarbeiterin, bei Schulregeln mitzubestimmen hat, ging es zur letzten Abstimmung in dieses Gremium.

Ergebnis der monatelangen Vorbereitung sind folgende vier Regeln:

- Wir gehen freundlich miteinander um und nehmen Rücksicht aufeinander.
- Wir kümmern uns um unser Schulhaus und das Schulgelände. Wir gehen sorgsam mit Sachen um und respektieren fremdes Eigentum.
- Wir achten darauf, dass alle gut lernen können.
- Das Mitbestimmungsrecht der Kinder wird ernst genommen. Die Erwachsenen tragen die Verantwortung. Wir halten uns an ihre Entscheidungen.

Nach den Pfingstferien war der große Moment gekommen. Die Schulregeln wurden feierlich verabschiedet. Zuerst bekamen alle Klassen die Regeln ausgehändigt. Außerdem gab es für jede Klasse ein A3-Papier, auf dem vorgedruckt stand: „Wir stehen dahinter!". Drumherum war Platz, auf dem alle Kinder nun mit bunten Farben ihren Fingerabdruck hinterließen – einer Unterschrift gleich. Der Name der Klasse vervollständigte die Plakate. Damit ausgestattet versammelten sich alle Klassen in der Turnhalle, wo es eine Rede der Schulleitung und einen Chorauftritt gab.

Nun hängen die Schulregeln für alle sichtbar im Eingangsbereich der Schule, umgeben von den A3-Plakaten mit den Fingerabdrücken aller Kinder. Die Klassenlehrerinnen und Schülerinnen können sich überlegen, wie sie mit den Regeln weiterarbeiten wollen. Sie bieten sich – zusammen mit einigen vorformulierten Unterregeln – alle dazu an weiterzudenken und sie für jede Gruppe konkret zu fassen. Und so werden sie lebendig und bleiben nicht nur bunt bedrucktes Papier.

Haben Sie eigentlich noch alle Regeln im Kopf, die es in Ihrer Schule sowie in Ihrer Klasse bereits gibt? Sortieren Sie Regeln aus! Es braucht nicht viele, sondern lediglich die richtigen. Diskutieren Sie mit den Kindern bestehende Regeln und überlegen Sie, ob sie tatsächlich noch nötig sind.

2.2.6 Beschäftigungen außerhalb des Unterrichts

Im Zuge der Entstehung von Ganztagsschulen hat auch diejenige Zeit an Schulen zugenommen, die nicht in die eigentliche Unterrichtszeit fällt. Denn wo es mehr Lernphasen gibt, gibt es auch mehr Pausen. Hort und Schule verschmelzen mancherorts und decken die Zeiten vor oder nach dem Unterricht sowie zwischen Unterrichtseinheiten ab. Dies birgt verschiedene Gefahren. Kinder haben z. B. kaum noch Räume, in denen sie sich unbeobachtet bewegen können. Gibt es Meinungsverschiedenheiten, steht schnell eine Betreuungsperson bereit, die zur Klärung beiträgt. Auch sind Kinder weniger gefordert, sich selbst zu beschäftigen und dabei kreativ zu werden, sondern bekommen oftmals Beschäftigungsangebote unterbreitet.

Ganztagsschulen sollen hier nicht als partizipationsfeindlich dargestellt werden. Ganz im Gegenteil, sie bieten besonders viele Möglichkeiten, um Kinder auf verschiedenen Ebenen zu beteiligen. Aber es ist gut, sich bewusst zu machen, dass die zusätzliche Zeit, die Kinder in Schulen verbringen, dort fehlt, wo Kinder zuvor eigenständig unterwegs sein konnten.

Ein Teil der unterrichtsfreien Zeit an einem Schultag sind die Pausen. Wie verbringen Kinder bei Ihnen an der Schule diese? Es gehört zum Alltag, dass Kinder in dieser Phase aus dem Schulgebäude verbannt werden. Die Sorge, dass die Klassenzimmer von unbeaufsichtigten Kindern nicht pfleglich behandelt werden, ist zu groß. Oder aber Pädagoginnen haben Angst davor, die Aufsichtspflicht zu verletzen, wenn Kinder alleine in den Zimmern sind. Dabei ist Teil der Aufsichtspflicht, dass Kinder unbeaufsichtigt sein dürfen, wenn es ihnen zuzutrauen ist. Wenn Sie an der Schule attraktive Funktionsräume (siehe S. 84 ff.) haben, so ist es nur sinnvoll, dass sie auch während der Pausen genutzt werden. Eine Bücherei bietet sich genauso an wie ein Kunstraum, eine Bewegungshalle, ein Pausenhof, ein Musikzimmer oder Sitzecken in der Aula. Sind mit den Kindern klare Regeln vereinbart, können sie sich **unbeaufsichtigt** darin aufhalten. In manchen Räumen ist es sicherlich gut, wenn eine Pädagogin anwesend ist. Aber das gilt nicht pauschal für alle Zimmer.

Auch während der Betreuungsphase können Schulen nach einem **offenen Konzept** arbeiten. „Offen" bedeutet, dass Kinder sich nicht in feste Gruppen eingeteilt in einem bestimmten Raum aufhalten, sondern dass ihnen freisteht den Raum selbst zu wählen. Letzten Endes geht es darum, attraktive Lernumgebungen zu schaffen, die Kinder einerseits dazu anregen, sich damit auseinanderzusetzen, und die andererseits autonomes Handeln ermöglichen. Ist das geschafft, können Kinder sich darin **während aller Phasen eines Schultages selbstbestimmt bewegen**.

Auch wenn ein Hort oder eine Hausaufgabenbetreuung immer häufiger direkt in den Schulalltag hineinspielen und räumlich und zeitlich kaum noch davon zu trennen sind, werden diese beiden Aspekte in diesem Kapitel nicht weiter ausgeführt. Allerdings ist vieles von dem, was für eine Schule gilt, auf einen Hort übertragbar. Und beschäftigt man sich damit, wie Unterricht partizipativ gestaltet werden kann, ergeben sich daraus auch Potenziale für die Begleitung der Hausaufgabenzeit.

2.2.7 Finanzen

Jedes Jahr aufs Neue wird Kindern in der Grundschule die Bedeutung von Geld vermittelt. Kinder erfahren über das Einkaufen mit der Familie bereits früher, dass Münzen und Papierscheine gegen interessante Ware getauscht werden können, und sind schnell davon fasziniert, selbst die Brötchen zu bezahlen und das Rückgeld entgegenzunehmen.

Geht es um größere Beträge, bleibt das Thema Geld für Kinder oftmals trotzdem abstrakt. Doch mit der richtigen Aufbereitung ist es auch möglich, Grundschulkinder in Finanzentscheidungen einzubeziehen.

Ein Teil des Schulhaushalts ist für feste Finanzposten geblockt. Aber beispielsweise über das Geld für Materialien kann frei verfügt werden. Wer entscheidet bei Ihnen, was von diesem Budget gekauft wird? Das Kollegium? Die Schulleitung? Pädagoginnen mit Kindern zusammen? Wie immer stellt sich die Frage, wo Ihre eigenen Grenzen liegen. Sind Sie bereit, die finanzielle Verantwortung aufzuteilen, haben Sie unterschiedliche Möglichkeiten:

- Sie stellen den Kindern monatlich ein bestimmtes Budget zur freien Verfügung. Die Kinder geben Beschaffungswünsche bei Ihnen in Auftrag, die im vereinbarten Budgetrahmen liegen.
- Sie beziehen die Kinder mit ein, wenn es um konkrete Anschaffungen geht und bieten Auswahloptionen an.
- Haben Kinder Aufgaben übernommen, könnten auch diese mit einer Finanzverantwortung verbunden sein – etwa wenn es Hofbeauftragte gibt. Diese achten darauf, dass alle Spielmaterialien in gutem Zustand sind. Finden sie einen kaputten Eimer, melden sie dies einer Pädagogin und können beantragen, dass ein neuer Eimer besorgt wird.

Hierbei können Kinder beispielsweise mit- oder selbstbestimmen: Arbeitsutensilien, Spielmaterialien, Möbel für Klassen- und Funktionsräume, Ausflüge oder die weitere Gestaltung von Räumlichkeiten.

Budgets könnten außerdem auf Klassen und Gremien wie ein Schulparlament aufgeteilt werden. Lehrerinnen, die einen Bezug zu den Klassen bzw. einem Gremium haben, sollten die Verwaltung des Geldes übernehmen. Oder aber

das Geld wird nicht auf die Gruppen verteilt, sondern es steht anlassbezogen Geld zur Verfügung, das miteinander verplant werden darf.

In der Grundschule ist eine gute Aufbereitung vonseiten der Erwachsenen unerlässlich. Legen Sie einen Rahmen fest, den sie selbst gut vertreten können und kommunizieren Sie diesen. Damit Kinder gerade auch bei größeren Beträgen fundierte Entscheidungen treffen können, sind Visualisierungen eine sinnvolle Unterstützung.

2.2.8 Kommunikation

Kommunikation in der Schule ist sehr vielseitig. Entsprechend versammeln sich in diesem Kapitel verschiedene Unterthemen: allgemeine Aspekte von Kommunikation, Erklärungen zu Fragetechniken und Abstimmungsverfahren, Methoden für ein Beschwerdemanagement sowie einige Worte zum Umgang mit Konflikten unter Kindern.

Bevor wir uns den Details von Kommunikation widmen, ist zu sagen, dass das Gelingen von Kommunikation – ebenso wie von Partizipation – davon abhängt, in welcher Haltung sich Menschen begegnen. Man muss erstens dem Gegenüber **eine Meinung zutrauen**. Zweitens muss man sich auch tatsächlich **für die Meinung der anderen Person interessieren**.

Beherzigen Sie das **aktive Zuhören** nach Thomas Gordon. Berücksichtigen Sie auch die verschiedenen Voraussetzungen der Gesprächspartnerinnen in Bezug auf Erfahrung, Wissen, Alter etc., um Gespräche zielführender zu gestalten. Wird deutlich, dass einem Kind wichtige Informationen fehlen, müssen die Wissenslücken entsprechend geschlossen werden. Das, was das Kind sagt, steht im Mittelpunkt, nicht Ihre Vorstellungen! Und wie Sie wissen, zählt nicht nur Gesprochenes, sondern es sind auch die nonverbalen Signale wichtig, die Kinder aussenden.

Bei allem ist zu beachten, dass Kommunikation in Schule häufig auch über Verschriftlichungen passiert – und noch nicht alle Kinder fähig sind, selbst zu schreiben und zu lesen. Planen Sie in den unteren Klassen ein, **Kommunikation mit Visualisierungen zu unterstützen**. Gibt es beispielsweise ein Protokoll

der Schulparlamentssitzungen, finden Sie mit den Kindern geeignete Bilder und Symbole, die die Inhalte schriftunabhängig vermitteln.

Wie Sie erkennen werden, bedeutet partizipationsgerechtes Kommunizieren, dass Sie mit Ihrer **Aufmerksamkeit** voll und ganz bei Ihrem Gegenüber sein müssen. Schaffen Sie eine Umgebung, in der Sie möglichst wenig im Gespräch gestört werden. Würden Sie beispielsweise versuchen, mit Kindern einen Konflikt zu lösen, während Sie nebenbei Material für die nächste Arbeitsphase bereitstellen oder Einträge ins Klassenbuch machen, werden Sie am Ende vielleicht das Material hergerichtet und das Klassenbuch ausgefüllt haben, doch der Konflikt ist vermutlich nicht anständig geklärt. Alles braucht seine Zeit. Wenn Sie gerade etwas Unaufschiebbares zu tun haben, erklären Sie einem Kind, das ein Gespräch mit Ihnen sucht, dass es einen Moment warten muss – und schenken Sie ihm dann, wenn Sie die Sache erledigt haben, Ihre ungeteilte Aufmerksamkeit. Es ist wichtig für Kinder zu erfahren, dass aufgeschoben nicht aufgehoben bedeutet. Das Gefühl, ernst genommen zu werden, ist eine wichtige Grundlage dafür, dass Kinder sich beteiligen.

Fragen stellen und Entscheidungen treffen

Nach den einführenden Worten zu Kommunikation schauen wir nun darauf, wie Fragen so formuliert werden, dass sie zu einer Beteiligung von Kindern führen. Denn richtig Fragen zu stellen und am Ende zu Entscheidungen zu kommen, will gelernt sein.

Geschlossene und offene Fragen

Freiräume geben fängt beim Fragen an. Stellen Sie eine Entscheidungsfrage, ist der Freiraum auf zwei Antworten begrenzt. Auf die Frage „Trinkst du gerne Tee?“ beispielsweise kann man nur mit „ja.“ oder „nein.“ antworten. Auch auf die Frage „Trinkst du lieber Pfefferminztee oder lieber Hagebuttentee?“, gibt es nur zwei Antwortmöglichkeiten. In beiden Fällen handelt es sich um geschlossene Fragen. Mit offenen Frage dagegen eröffnen Sie **Raum für eigene Gedanken**. „Welchen Tee trinkst du gerne?“ Es kann jede Teesorte genannt werden, man kann aber auch antworten, dass es gar keinen Tee gibt, den man gerne trinkt.

Doch nicht jede offene Frage ermöglicht Partizipation. Ist sie zu komplex, enthält sie viele unbekannte Wörter, ist das Thema, das erfragt wird, zu unüber-

sichtlich – dann kann eine Frage auch blockieren. Vermeiden Sie, einem Kind mehrere Fragen gleichzeitig zu stellen. Verwenden Sie **einfache Sätze**.

In Bezug auf **Anschaulichkeit** beim Fragenstellen, gilt es, einen Spagat zu vollführen: Je mehr Bilder Sie verwenden, um eine Frage anschaulich zu machen, desto schwieriger wird es für die Kinder, sich beim Antworten von den Bildern zu lösen. „Unter welchem Motto soll unser Sommerfest in diesem Jahr stehen? Ich habe schon ein paar Vorschläge an die Tafel geschrieben: Tiere, Berufe oder Farben. Welche Ideen habt ihr?". Selbst, wenn die Kinder noch ein paar Ideen haben, welches Thema das Fest begleiten soll, werden sie sich vermutlich an Ihren Vorschlägen orientieren. Hätten die Kinder in diesem Fall überhaupt Konkretionen gebraucht? Vermutlich wären sie selbst auf Ideen gekommen. Durch das Veranschaulichen wurde die eigene Kreativität eingeschränkt. Denken Sie also gründlich über Fragestellungen nach und überlegen Sie sich genau, in welchen Fällen Kinder für ihr Verständnis anschauliche Beispiele benötigen und wann diese überflüssig sind und zu sehr beeinflussen. Halten Sie Impulse lieber für den Fall bereit, in dem Sie merken, dass Kinder mit der Fragestellung überfordert sind und ohne Beispiele nicht weiterkommen.

Suggestivfragen – also Fragen, die den Antwortenden in eine bestimmte Richtung lenken – gehören gar nicht ins Repertoire, wenn Kinder mitbestimmen sollen. Eine Suggestivfrage ist beispielsweise: „Du willst doch bestimmt dabei helfen, die Pflanzen im Schulgarten zu gießen, nicht wahr?" Hier besteht nur ein scheinbares, kein echtes Interesse an der Meinung des Kindes und seiner Selbstbestimmung.

Gemeinsam zu Entscheidungen kommen – Konsens- oder Mehrheitsentscheidung?

Wird über Fragen abgestimmt, gibt es zwei Möglichkeiten, um zu einem Ergebnis zu kommen: Entweder entscheidet die Mehrheit, oder aber es wird ein Konsens zwischen allen Beteiligten herbeigeführt.

Egal welches Verfahren Sie wählen, grundlegend für echte Partizipation ist, dass alle verstanden haben, wie es funktioniert. Ausreichende Informationen und Transparenz müssen also gewährleistet sein – nicht nur den Inhalt einer Diskussion betreffend, sondern auch hinsichtlich der **Formalitäten**.

Bei einem **Konsensverfahren** steht am Ende ein einstimmig beschlossenes Ergebnis. Dafür müssen alle möglichen Lösungen miteinander diskutiert werden, bis sich eine als diejenige herauskristallisiert, die alle mittragen können und wollen. Vor allem wenn Verhaltensregeln innerhalb eines Klassenverbunds diskutiert werden, sollten möglichst alle mit dem Beschluss einverstanden sein, da diese Zustimmung bereits dafür sorgt, dass der Beschluss besser eingehalten wird.

Einen Konsens zu erreichen, heißt nicht zwingendermaßen, dass alle Feuer und Flamme für eine Idee sein müssen. Es kann auch sein, dass sich jemand enthält oder Vorbehalte äußert und trotzdem zustimmt. Es darf am Ende allerdings kein Veto (absolute Ablehnung) von einer Person erhoben werden.

Ein **Mehrheitsverfahren** lässt zu, dass die Beteiligten unterschiedlicher Meinung sind und dies auch nach der Abstimmung so bleibt. Trotzdem gilt die Entscheidung, die die Mehrheit der Stimmberechtigten getroffen hat. Das kann bedeuten, dass derjenige Vorschlag angenommen wird, der die meisten Stimmen erhält. Das kann aber auch bedeuten, dass Sie vorher festlegen, dass mindestens die Hälfte der Beteiligten einem Vorschlag zustimmen muss, damit er angenommen ist. Wird diese Zahl an Mindeststimmen nicht erreicht, geht es erneut in die Diskussion und in eine weitere Abstimmung.

Einen Konsens zu erzielen ist bei einigen Themen nicht realistisch und nötig. Dann sollten Sie zum Mehrheitsverfahren greifen. Suchen Sie beispielsweise nach einem Motto für Ihr Sommerfest, werden vermutlich mehrere interessante Vorschläge im Raum stehen. In diesem Fall ist es eher unwahrscheinlich, dass es einen Konsens bei der Mottowahl gibt. Es ist aber letztlich auch nicht zwingend nötig, einen Konsens zu erreichen. Ein Mehrheitsentscheid würde bei diesem Thema ausreichen.

Jetzt wird abgestimmt!

Unabhängig davon, ob Sie einen Konsens oder eine Mehrheitsentscheidung anstreben, ist der erste Schritt immer der, **Informationen** zu transportieren, die für die Entscheidung wichtig sind: Um welches Thema geht es? Welche Hintergrundinformationen brauchen Kinder, um eine Entscheidung treffen zu können? Wie funktioniert das Abstimmungsverfahren?

Im zweiten Schritt werden Ideen gesammelt. Lassen Sie den Kindern dabei zunächst viele Freiheiten. Nach dem **Brainstorming** werden die Vorschläge genauer besprochen und diskutiert. Bereits hierbei kann es vorkommen, dass Ideen aus der Abstimmung genommen werden, weil sie beispielsweise nicht realisierbar sind.

Als nächstes braucht es konkrete **Lösungsvorschläge**, über die abgestimmt werden kann. Wie bereits erklärt: Bei einer Konsensentscheidung muss eine Lösung erarbeitet werden, mit der alle einverstanden sind. Bei einer Mehrheitsentscheidung stehen mehrere konkrete Lösungen gleichwertig nebeneinander.

Der letzte Schritt unterscheidet sich ebenfalls: Bei einer Konsensentscheidung wird geprüft, ob alle dafür sind oder zumindest die Entscheidung mittragen. Falls jemand ein Veto erhebt, muss der Lösungsvorschlag entsprechend angepasst werden. Bei der Mehrheitsentscheidung wird ausgezählt, wie viele sich für etwas entschieden haben. Entweder reicht eine Abstimmung oder es braucht eine neue, weil bestimmte Anforderungen nicht erfüllt wurden, wie z. B. das Erreichen der absoluten Mehrheit.

Praxistipp

Mit Steinchen zur Mehrheit

Vor einer Abstimmung muss geklärt werden, in welchem Fall eine Lösung als angenommen gilt. Ist eine relative, eine absolute oder eine qualifizierte Mehrheit das Ziel?

- Relativ: Mehr Stimmen als jeweils die anderen
- Einfach: Mehr Stimmen als alle anderen zusammen
- Absolut: Mehr als die Hälfte aller Stimmen
- Qualifiziert: Erreichen einer vorher festgelegten Stimmenanzahl

Ist dies geklärt, kann abgestimmt werden. Dazu liegt für jede Lösungsmöglichkeit ein passendes Symbol aus. Jedes Kind erhält ein Steinchen und legt es zu der Lösung, die es bevorzugt. Haben alle Kinder gelegt, wird ausgezählt,

für welche Lösung es die meisten Steinchen gibt bzw. welche die angestrebte Mehrheit erreicht hat.

Alternativ dazu können die Kinder auch mehrere Steinchen erhalten. Jedes kann sich entscheiden, die Steinchen alle zu einer Idee zu legen oder sie auf verschiedene Ideen aufzuteilen. Dadurch ist ein differenzierteres Bild der Situation möglich.

Diese Verfahren können auch mehrschrittig angewandt werden. Nach dem ersten Schritt sollen von zehn nur noch die drei beliebtesten Vorschläge übrigbleiben. Hierfür bekommt jedes Kind mehrere Steine zum Abstimmen. Im zweiten Schritt soll die beste aus den drei übrigen Lösungen herausgefunden werden. Hierfür erhält jedes Kind nur noch einen Stein.

Praxistipp

Mit Smiley zum Konsens finden

Um einen Konsens herbeizuführen, markieren die Kinder unterschiedliche Lösungsmöglichkeiten mit Symbolen und bringen so zum Ausdruck, was sie von der Idee halten:

- Ich finde es richtig toll! (lachender Smiley)
- Ich finde es okay und stimme zu (Smiley mit neutralem Mund)
- Ich will nichts dazu sagen. (Smiley ohne Mund)
- Ich finde es richtig blöd! (zorniger Smiley)

Ziel ist es, dass eine Lösung möglichst viele lachende Smileys und keinen einzigen zornigen Smiley erhält, damit sie als angenommen gilt. Findet ein Kind eine Idee blöd, muss besprochen werden, woran es liegt und welche Änderungen es bräuchte, damit kein Kind mehr einen zornigen Smiley legt. Das erfordert Fingerspitzengefühl, denn unterschiedliche Meinungen müssen gleichermaßen wertgeschätzt werden und niemand darf überredet oder gezwungen werden, sich der restlichen Meinung anzuschließen.

Die einzelnen Handlungsschritte sind also folgende:

- Beschreiben Sie alle Lösungsmöglichkeiten und legen Sie je ein passendes Symbol aus.
- Die Kinder legen jeweils einen Smiley pro Vorschlag.
- Haben alle Kinder ihre Meinung abgegeben, beschreiben Sie das vorläufige Ergebnis. „Wie ich sehe, liegen bei Vorschlag 1 sehr viele lachende Smileys, aber auch zwei zornige Gesichter. Bei Vorschlag 2 liegen fast nur zornige Gesichter. Es gibt gar keine lachenden Smileys. Bei Vorschlag 3 sehe ich, dass hier viele unterschiedliche Smileys liegen. Was bedeutet das denn?"
- Besprechen Sie miteinander, wie das vorläufige Stimmungsbild zu interpretieren ist: „Vorschlag 1 finden die meisten Kinder gut, Vorschlag 2 finden die meisten nicht so gut und bei Vorschlag 3 habt ihr sehr unterschiedliche Meinungen."
- Besprechen Sie mit den Kindern, dass Sie die zweite Idee aussortieren, da sich zu viele Kinder negativ geäußert haben.
- Fragen Sie bei den anderen beiden Vorschlägen nach: Was haben die zornigen Smileys beim ersten Vorschlag zu bedeuten? Und wieso gibt es so viele unterschiedliche Smileys beim dritten Vorschlag? Versuchen Sie, miteinander Ideen zu entwickeln, wie die zornigen Smileys verschwinden können.
- Passen Sie die Vorschläge so an, dass ein Konsens möglich erscheint. Dann lassen Sie erneut abstimmen. Wiederholen Sie bei Bedarf die ersten Schritte.
- Gibt es mehrere Vorschläge, für die ausschließlich positiv abgestimmt wird, können Sie im letzten Schritt dazu übergehen, dass Kinder nur noch eine Stimme haben und sich für einen der Vorschläge entscheiden müssen.

„Das finde ich richtig blöd!" – Beschwerdemanagement

Aus der Kommunikation ausklammern würden viele wohl gerne die Beschwerden. Denn das Wort „Beschwerde" löst bei manch einem Ängste und Sorgen aus. „Was passiert, wenn sich ein Kind über mich beschwert? Eigentlich denke ich, dass ich gut arbeite, aber was ist, wenn Kinder das ganz anders sehen? Wie stehe ich denn vor meinem Kollegium da, wenn ein Kind darüber redet, dass es sich über mich ärgert?".

Doch zu Partizipation gehört es natürlich auch, seinen Unmut äußern zu dürfen. Dabei geht es auch, aber nicht nur um den Schutz von Kindern. Die Themen einer Beschwerde können sehr unterschiedlich sein, und je nach Anliegen braucht es unterschiedliche Formen, mit der Beschwerde zu arbeiten. Selbstverständlich ist unabhängig von der Beschwerde wichtig, dass Kinder wissen, ihr Anliegen wird ernst genommen und weiterverfolgt. Haben sie sich bereits über andere Mitbestimmungswege als selbstwirksam erlebt, fällt es ihnen leichter, auch die Möglichkeiten der Beschwerde zu nutzen.

Für das Beschwerdemanagement braucht es wie für alle anderen Partizipationsstrukturen **Transparenz** und **Klarheit**. Bei wem können sich die Kinder beschweren? Welches Anliegen ist wo richtig verortet? Und wie verläuft der Prozess einer Beschwerde? Am besten erarbeiten Sie mit den Kindern gemeinsam ein Beschwerdeverfahren, testen es und passen es bei Bedarf nochmals an. Je mehr die Kinder in die Entwicklung eines Verfahrens eingebunden sind, desto einfacher können sie dieses selbst nutzen.

Das niedrigschwellige Angebot sollte immer innerhalb der Klasse sein – Klassen- oder Fachlehrerinnen und Klassensprecherinnen. Nehmen Sie sich am besten täglich wenige Minuten Zeit, um **Feedback** einzuholen, damit es für alle zu etwas Selbstverständlichem wird, Rückmeldung zu geben. Bekommen Kinder von anderen Kindern mit, dass diese positive wie negative Kritik üben, wird es für sie irgendwann normal sein, sich auch selbst zu äußern. Pädagoginnen können hierbei mit einem guten Beispiel vorangehen – sei es, indem sie Kinder beim Feedback unterstützen, sei es, indem sie selbst Kritikpunkte ansprechen.

Gehen Beschwerden über die Klassenebene hinaus, braucht es ein Verfahren, das beispielsweise durch die Schulversammlung festgelegt wird, um es allen

Kindern zugänglich zu machen. Vertrauenslehrerinnen oder Schulsozialarbeiterinnen können die Rolle übernehmen, Beschwerden entgegenzunehmen, an richtiger Stelle zu verorten und weiterzuverfolgen.

Solche sympathischen Figuren wie das Flausch- und das Stinkemonster können Kinder während der Feedbackrunde zur Hand nehmen – je nachdem, in welche Richtung sie sich äußern wollen. Rückmeldungen bekommen so etwas Spielerisches und Kinder gewöhnen sich leichter daran, Kritik zu äußern.

Visualisierungen können hilfreich sein, um mit wenigen Handgriffen und auf einen Blick Stimmungen zu sehen. Eine Wie-geht-es-mir-heute-Tafel könnte mit den Fotos der Kinder bestückt werden. Die Fotos werden täglich in die passende Position gebracht. Oder Sie fragen täglich das Befinden ab, es wird mit Handzeichen Antwort gegeben und Sie machen eine Notiz dazu im Klassenbuch. Verfahren für solche Rückmelderunden gibt es genug. Seien Sie gemeinsam mit Ihrer Klasse kreativ.

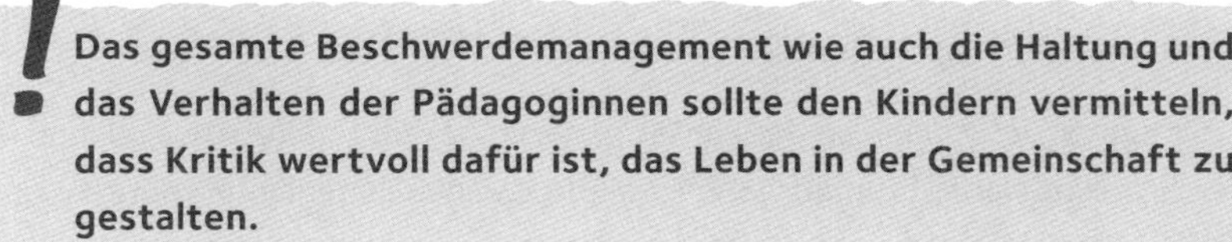

Das gesamte Beschwerdemanagement wie auch die Haltung und das Verhalten der Pädagoginnen sollte den Kindern vermitteln, dass Kritik wertvoll dafür ist, das Leben in der Gemeinschaft zu gestalten.

Wie wäre es damit, in Ihrer Schule eine Kindersprechstunde einzurichten? Unter anderem dieser Beschwerde- und Rückmeldeweg wird Ihnen nun vorgestellt.

Kindersprechstunde

Eine Kindersprechstunde kann von einer Schulsozialarbeiterin sowie von der Vertrauenslehrerin durchgeführt werden. Hierfür gibt es regelmäßige Termine sowie feste Räumlichkeiten, z. B. ist die Bürotür immer montags und mittwochs von 9 Uhr bis 11 Uhr für Kinder geöffnet. Oder Sprechstundentermine werden nach Bedarf flexibel vergeben, wenn Kinder ein Anliegen äußern.

Nimmt ein Kind eine solche Sprechstunde wahr, setzt sich die Pädagogin mit dem Kind zusammen und bespricht mit ihm dessen Thema. Hierbei kann sie unterschiedlich reagieren:

- Das Problem kann direkt im Dialog gelöst werden.
- Das Thema ist eines, das für die Kinder in der Klasse relevant ist. Die Pädagogin sucht nach einer passenden Methode, damit das Kind das Thema beispielsweise im Klassenrat ansprechen und klären kann.
- Das Problem ist eines, das für die gesamte Schule gelöst werden muss. Die Pädagogin und das Kind überlegen, an wen das Problem weitergeleitet werden soll.
- Beschwert sich ein Kind über eine Lehrerin oder ein anderes Kind, wird im Idealfall die andere Person zum Gespräch dazu geholt, sodass die beiden ihren Konflikt klären können. Die Pädagogin fungiert hierbei als Mediatorin, um sicherzustellen, dass beide Beteiligten ihre Sichtweise schildern können und am Ende eine Lösung gefunden wird.
- Es kann auch sein, dass ein Kind etwas berichtet, das zum Schutz des Kindes nicht direkt mit dem Kind geklärt werden sollte, z. B. wenn in einer Kindersprechstunde Familienthemen auftauchen, vielleicht von familiärer Gewalt berichtet wird. In diesem Fall übernimmt die Pädagogin die Verantwortung für die nächsten Schritte und bindet das Kind an den richtigen Stellen in das weitere Verfahren ein.

Damit Kinder sich trauen zu der vielleicht wenig bekannten Vertrauenslehrerin oder Schulsozialarbeiterin zu gehen, sollten diese Gelegenheiten nutzen, um sich vorzustellen und für die Kinder immer wieder sichtbar zu sein.

Meet and greet mit der Schulleitung

Die Schulleitung ist für Schülerinnen häufig unerreichbar weit entfernt. Sie ist nicht unbedingt in den Unterricht eingebunden, ist selten bei Pausenaktivitäten dabei und steht vor allem im Kontakt mit den Lehrerinnen.

Dass es kaum direkte Gespräche gibt, kann sowohl für die Kinder als auch für die Schulleitung bedauerlich sein.

Um daran etwas zu ändern, organisieren Sie „Meet and greet"-Stunden mit der Schulleitung. Pro Schuljahr kommt die Leitung einmal im Rahmen eines Klassenrats in eine Schulklasse und stellt sich Fragen und der positiven wie negativen Kritik der Kinder. Diese Stunde sollte in der vorigen Woche im Klassenrat vorbereitet werden, damit die Kinder informiert sind, wie das Meet and Greet abläuft und sie Fragen und Feedback sammeln können. Haben die Kinder Ideen zur Weiterentwicklung der Schule? Dann ist der Termin die perfekte Gelegenheit, um von den Ideen zu erzählen.

Möchte sich die Schulleitung auf den jeweiligen Klassenrat vorbereiten, werden die gesammelten Fragen vor dem Termin an sie weitergeleitet. Und vergessen Sie nicht: Die Kinder sollten erfahren, wie nach dem Termin mit ihren Rückmeldungen verfahren wird.

Kinder dürfen Konflikte selbst lösen

Kommen viele Menschen zusammen, lassen sich Konflikte nicht völlig vermeiden. Doch wie gehen Sie als Pädagogin damit um?

Ziel sollte es sein, dass Kinder erfahren, wie sie einen Streit eigenständig, also ohne Beihilfe von Erwachsenen oder älteren Kindern, lösen können. Dies will aber gelernt sein. Um sich als Pädagogin zunächst aus Konflikten heraushalten zu können, muss eine wichtige Voraussetzung gewährleistet sein: **Kinder müssen wissen, dass und wie sie sich Hilfe holen können, wenn sie diese brauchen.** Beispielsweise ist während der Pausen im Hof und innerhalb des Gebäudes zuverlässig immer eine Pädagogin für die Kinder da, wenn sie Unterstützung brauchen.

Das heißt also, Sie müssen nicht unbedingt einschreiten. Doch wie ist es, wenn Kinder handgreiflich werden? Ist es lediglich ein harmloses Kräftemessen oder

fürchten Sie um die körperliche Unversehrtheit eines der Kinder? Nicht immer ist dies einfach zu unterscheiden. Im zweiten Fall sind Sie als Pädagogin natürlich gefordert. Aber: Seien Sie sich in jedem Fall darüber bewusst, dass Sie die Selbstbestimmtheit von Kindern einschränken, wenn Sie sich in Konflikte einmischen.

Fordern Kinder Ihre Unterstützung bei der Konfliktlösung ein oder mussten Sie einen Streit unterbrechen, nehmen Sie die Rolle der **Moderation** ein, anstatt für die Kinder den Streit zu klären. Hören Sie aktiv zu anstatt vorschnell zu urteilen, wer welche Schuld an dem Konflikt trägt. Stellen Sie den Kindern moderierend offene Fragen und fassen Sie zusammen, was die Kinder äußern. Sorgen Sie dafür, dass die Kinder miteinander reden, anstatt Ihnen alles zu erzählen. Die Kinder sollen sich selbst in der Rolle der Problemlöser sehen.

Problemlösungen von Kindern entsprechen nicht unbedingt denen, die man als Erwachsene anstreben würde. Bekommen Sie es hin, die Lösung trotzdem zu akzeptieren? Und wie ist es, wenn Sie als Lehrerin einen Konflikt und dessen Klärung nur von außen beobachten und die Lösung für unfair halten? Das ist zugegebenermaßen eine schwierige Situation. Wenn Sie den folgenden Hinweis beachten, gelingt es Ihnen leichter, sie auszuhalten.

! **Halten Sie sich immer das Ziel vor Augen, dass Kinder lernen, eigenständig Konflikte zu lösen, und fragen Sie sich, ob es vor diesem Hintergrund sinnvoll ist, sich – womöglich ungefragt – einzumischen.**

2.2.9 Über den Unterricht und die Schultore hinaus

Über den Unterricht hinaus passiert an einer Schule viel: Exkursionen und Ausflüge, Aufenthalte in Schullandheimen, Weihnachts- und Faschingsfeste, die Kinder übernachten in der Schule, oder es wird ein Tag der offenen Tür veranstaltet. Da all die genannten Aktivitäten einen klar begrenzten Rahmen haben, bieten sie sich besonders für Kinderpartizipation an. So sammeln Sie Erfahrungen, gewinnen Vertrauen in die Fähigkeiten der Kinder und sehen direkt, welche Auswirkungen ein Mehr an Partizipation hat.

! Laufen Sie aber nicht Gefahr, an der Schule nur Partizipationsinseln zu errichten, über die es längerfristig nicht hinausgeht. Ziel ist immer, dass die Mitbestimmung von Kindern im Alltag greift und nicht nur bei besonderen Anlässen.

Abseits dieser Veranstaltungen soll besonders auf das Service Learning – auch „Lernen durch Engagement" genannt – hingewiesen werden (vgl. Sliwka 2008, S. 114 ff.). Die Schule öffnet sich nach außen und leistet einen eigenen Beitrag zum Leben in der Gemeinde. Schülerinnen überlegen sich, wie sie sich in der Gesellschaft einbringen wollen und können. Denn alles, was in der Schule gelernt wird, kann auch anderen zugutekommen. Umgekehrt bekommt das Gelernte eine Bedeutung, wenn die Kinder sehen, wofür das neue Wissen eingesetzt werden kann. Hier ein paar Vorschläge:

- Kinder haben gelernt zu lesen? In einer Kita werden bestimmt gerne Räume geschaffen, damit Schulkinder den Kitakindern Bücher vorlesen.
- Kinder haben das Stricken und Häkeln gelernt? Sie gehen wöchentlich in ein Seniorenheim und bieten an, gemeinsam Handarbeiten zu machen. Die Seniorinnen stehen so mehr in sozialem Kontakt, widmen sich einer gemeinsamen Beschäftigung und können gleichzeitig ihre eigenen Fähigkeiten an die Kinder weitergeben.
- Der Spielplatz der Gemeinde wird neu geplant? Sie setzen sich im Unterricht damit auseinander und beraten die Gemeinde während der Planungsphase.

Durch Service Learning schaffen Sie die Gelegenheit, dass Kinder sich über die eigenen Schultore hinaus engagieren können und am Gemeindeleben partizipieren. So wird verständlich, dass Menschen sich in allen ihren Belangen einmischen dürfen und auch sollen.

Damit Menschen außerhalb der Schule wissen, was in der Schule passiert, sollten Sie unbedingt Öffentlichkeitsarbeit betreiben. Binden Sie auch dabei Kinder ein. Dadurch leisten diese einen Beitrag für die Schule und lernen, dass sie sich mit ihren Ideen einbringen können. Verfassen Sie mit Einzelnen aus der Klasse beispielsweise einen Bericht für die Homepage. Schreiben Sie über Ihre

Service-Learning-Projekte, über das Schulparlament oder über den ganz regulären Schulalltag.

2.2.10 Mahlzeiten

In Grundschulen kommt durch den Ausbau von Ganztagsschulen immer mehr die Thematik von gemeinsamen Mahlzeiten auf. Oftmals bieten Schulen Essen über ein Catering an. Selten wird das Essen direkt vor Ort zubereitet. Und meist entscheiden die Eltern, ob ihre Kinder am angebotenen Mittagstisch teilnehmen oder ob sie sich selbst um die Pausenverpflegung kümmern.

Essen während der Schulzeit ist dadurch lange nicht mehr nur Angelegenheit der Familien, sondern wird immer mehr zum Teil des gemeinsamen Alltags, um den sich auch Schule zu kümmern hat.

Fragen der Ernährung gehören dabei zu den am kontroversesten diskutierten Punkten in pädagogischen Teams. Und selten gibt es am Ende einen Konsens, mit dem alle sich wohl fühlen. Uneinigkeit herrscht beispielsweise darin, ob Kinder Essen probieren müssen, auch wenn sie es nicht möchten. Oder ob Kinder dazu verpflichtet werden, bei jeder Mahlzeit Obst oder Gemüse zu essen.

Einige der folgenden Anregungen können Sie sich in Ihr Team mitnehmen, wenn Sie sich darüber austauschen möchten:

- **Warum müssen Kinder alles probieren, was auf dem Speiseplan steht?** Meist löst die entsprechende Vorgabe eine spannungsvolle Atmosphäre aus, die letzten Endes keinen Mehrwert hat. Wie wäre es, wenn man Sie dazu überredet, etwas zu essen, was Sie bisher lieber meiden? Würden Sie nach einer erzwungenen Einnahme denken, „Gar nicht schlecht. Das esse ich ab sofort häufiger"? Selbst, wenn Sie es tatsächlich gar nicht so schlecht fänden, wäre der Moment davon überschattet, dass Ihr Bedürfnis nicht ernst genommen wurde. Verzichten Sie also auf den verpflichtenden Probehappen.
- **Welche Regelungen gelten für den Nachtisch?** Falls es die Auflage gibt, dass Kinder etwas anderes gegessen haben müssen, bevor sie sich einen Nachtisch verdient haben, stellen Sie auch diese Regel infrage.

- **Wann wird gegessen und getrunken?** In der Regel gibt es feste Zeiten, zu denen gemeinsam gegessen wird. Die Ursache dafür ist meist eine organisatorische. Feste Essenszeiten verhindern aber, dass Kinder selbst ein Gefühl dafür entwickeln, wann sie hungrig sind. Mit geringer Anstrengung lässt sich bereits erreichen, dass Kinder selbstbestimmter in Bezug auf Ernährung sein können. Richten Sie einen Tisch, auf dem immer ein paar Snacks vorbereitet sind: geschnittenes Obst, ein paar Scheiben Brot, Nüsse. Fragen Sie die Kinder, was sie sich als Snack wünschen. Außerdem sollten Kinder die Möglichkeit haben, jederzeit zu trinken, anstatt damit bis zur Pause zu warten. Dafür können Kinder ihre eigene Trinkflasche mitbringen, die sie immer wieder mit Wasser auffüllen.
- **Bekommen Sie Essen über ein Catering** geliefert, gibt es normalerweise mehrere Gerichte zur Auswahl. Lassen Sie die Kinder selbst das bestellen, was sie essen möchten. Holen Sie sich Rückmeldungen von den Kindern ein, wie zufrieden sie mit dem Essen sind, und geben Sie das Feedback an das Catering oder Ihre eigenen Küchenkräfte weiter.
- **Wird bei Ihnen in der Schule vor Ort gekocht?** Dann legen Sie zwei Tage im Monat fest, an denen sich jeweils eine Klasse ein Essen wünschen darf.
- **Haben Sie mit den Kindern die Tischkultur vereinbart?** Was passiert, wenn sich Kinder nicht daran halten? Legen Sie am besten fest, dass Pädagoginnen eingreifen dürfen, wenn sie die Vereinbarung verletzt sehen. Nicht einzugreifen, wenn Sie es für nötig halten, wird Ihnen nämlich schwerfallen.
- **Wissen Kinder, was sie essen?** Sprechen Sie mit Kindern über Ernährung, verschiedene Lebensmittel und Zutaten. Das Wissen über den Zusammenhang von Ursprungsprodukten und den fertigen Speisen kann Kindern erleichtern, selbst für sich zu sorgen.

! Essen gehört zu den menschlichen Grundbedürfnissen. Vertrauen Sie darauf, dass Kinder merken, was ihnen guttut, und es keine Regulation von außen braucht.

Überlegen Sie mit Ihrem Team, welche Rolle Sie beim Essen einnehmen wollen. Nutzen Sie Mahlzeiten lieber, um mit Kindern ins Gespräch zu kommen und selbst zu essen, anstatt zu versuchen, alles unter Kontrolle zu haben. So kann die Phase zu einer gemeinschaftsfördernden werden.

2.2.11 Patenschaften

Vor allem in Klassen, die jahrgangsübergreifend organisiert sind, werden gerne Patenämter für die neu in die Klasse kommenden Kinder vergeben. Auf den ersten Blick wirkt das sehr partizipativ, sind es doch die Kinder selbst, die Verantwortung für das Kennenlernen und die Einführung übernehmen. Doch lohnt sich auch hier ein genauerer Blick auf die Sache. Denn Patenschaftssysteme schaffen eine zusätzliche Hierarchieebene in einer Klasse, die mit allen Kindern reflektiert werden sollte. Ansonsten kann es passieren, dass die neuen Kinder von den anderen, die durch ihr Amt Macht zugesprochen bekommen, dominiert werden. Denn Machtstrukturen, die es zwischen Erwachsenen und Kindern (siehe S. 25 ff.) gibt, gibt es auch unter Kindern. So kann ein Mehr an Partizipation bei den älteren Kindern zu weniger Partizipationsräumen für die jüngeren führen.

Klare Vorteile von Patenschaften sind beispielsweise, dass Kinder andere zur Seite haben, die sich selbst vielleicht noch gut in die Situation hineinversetzen können, wie es in der ersten Zeit in der Schule war. Die Neuen fühlen sich nicht als Einzelgänger, sondern haben für Fragen gleichermaßen wie zum Spielen ein anderes Kind als Kontaktperson. Sie fühlen sich in der Gruppe willkommen und aufgenommen. Auf der anderen Seite empfinden die älteren Kinder eine Wertschätzung ihrer Erfahrung und werden in ihren bereits erworbenen Kompetenzen ernst genommen. Doch welche Fragen gibt es im Voraus zu klären, damit eine Patenschaft zu Zufriedenheit führt?

Welche Aufgaben haben Patinnen? Und welche haben sie nicht?
Nutzen Sie eine Stunde des Klassenrats, um zu besprechen, welche **Aufgaben** Patinnen erfüllen können und sollen und wo gleichzeitig Grenzen eines Patenamts liegen.

Aufgaben könnten beispielsweise sein, ältere Kinder vorzustellen, eine Führung über das Schulgelände zu machen, den Stundenplan und die Klassenregeln zu erklären oder das neue Kind in den Pausen zu integrieren.

Grenzen eines Patenamts werden bei der Erledigung von Schulaufgaben erreicht. Patinnen sollen nichts unaufgefordert korrigieren. Auch dürfen die Patenkinder nicht zu gemeinsamen Beschäftigungen überredet werden.

Kinder sollten für sich selbst entscheiden, ob sie die Aufgabe übernehmen möchten. Je nach Patenkind kann die Aufgabe einiges an Zeit, Feinfühligkeit und Aufmerksamkeit erfordern. Dazu sollten Kinder bereit sein.

Wie finden sich Patinnen und Patenkinder?

Werden Patenämter bereits vergeben, bevor die neuen Kinder in die Klasse kommen, werden allen neuen Kindern Patinnen zugewiesen.

Nimmt man sich stattdessen zunächst Zeit für ein erstes Kennenlernen, können die neuen Kinder selbst entscheiden, ob sie Unterstützung durch andere benötigen. Denn nicht immer fühlen sich Kinder hilflos in der neuen Umgebung, sondern wissen sich alleine zu orientieren.

Der wohl entscheidendste Punkt für eine gelingende Patenschaft ist die Konstellation der Kinder. Eine zufällige Zuordnung kann dazu führen, dass sich die Kinder nicht mögen und dadurch statt einer positiven Beziehung eine spannungsvolle entsteht. Deswegen bietet es sich an, dass die Kinder sich zunächst einige Tage kennenlernen bevor die Patinnen zugeordnet werden. Häufig fühlen sich Kinder zu bestimmten Kindern hingezogen. Diese Sympathien können durch das Patenamt intensiviert werden.

Möchten Sie doch bereits zu Beginn des Schuljahres Patinnen zuweisen, wäre eine Idee, dass immer zwei Kinder als Tandem für andere zuständig sind. So können sie sich gegenseitig unterstützen und die Wahrscheinlichkeit, dass die Bedürfnisse der neuen Kinder erfüllt werden können, steigt.

Und wenn es mal nicht funktioniert?

Neben all den positiven Effekten, die das Patenamt haben kann, mag es im ungünstigen Fall auch zu Frust führen. Passen die beiden Kinder nicht zusammen?

Trifft z. B. ein besonders motiviertes und engagiertes Kind auf eines, das nicht viel Unterstützung einfordert oder sie sogar abwehrt? Wird ein Patenkind vom älteren Kind dominiert?

Beobachten Sie die Dynamiken zwischen den Kindern und wägen Sie ab, in welchem Rahmen Sie Schwierigkeiten thematisieren. Ist es ein Thema für den Klassenrat? Oder betrifft es nur einzelne Kinder, und Sie sollten mit diesen einzeln ins Gespräch gehen?

Bieten Sie den Kindern auch an, dass sie zu Ihnen kommen können, wenn sie Hilfe bei der Ausübung ihres Amtes benötigen. Außerdem ist es den Kindern gegenüber fair, sie darauf vorzubereiten, dass eine Patenschaft auch herausfordernd sein kann oder vielleicht anders verläuft, als sie es sich vorstellen.

2.2.12 Personalentscheidungen

Zum Abschluss dieses zweiten Kapitels geht es um Personalentscheidungen. Ist es selbst in anderen Berufsfeldern für Erwachsene eher abwegig, Kinder bei Personalfragen nach ihrer Meinung zu fragen, ist eine Beteiligung in staatlichen Schulen besonders knifflig. Denn selbst das Schulkollegium und die Leitung haben nur einen eingeschränkten Einfluss darauf, wer an einer Schule arbeitet. Das letzte Wort hat zumindest bei denjenigen, die einen Beamtenstatus innehaben, die einstellende Behörde und nicht die Schule selbst.

Anders sieht es aus, wenn Schulen in privater Trägerschaft sind oder in Regelschulen nichtverbeamtete Personen eingesetzt werden – beispielsweise Integrationskräfte an inklusiv arbeitenden Schulen. Wie machen Sie es möglich, dass Schülerinnen sich zur Einstellung neuen Personals äußern?

Hospitationen für ein gegenseitiges Kennenlernen

Findet bei einer Neueinstellung ein persönlicher Auswahlprozess statt, sollten Bewerberinnen zu einer Hospitation eingeladen werden. An diesem Tag sollten sie sich nicht nur im Kollegium, sondern auch in Klassen vorstellen.

Ein Tag zur Vorstellung sollte sowohl gemeinsame **aktive Phasen** beinhalten wie auch Raum für ein **Interview** geben. Tritt die Bewerberin mit den Kindern in Aktion – sei es im Unterrichtsgeschehen, während der Pausen oder in der

Mittagsbetreuung –, bekommen alle einen Eindruck vom pädagogischen Handeln. Ein Interview sollte am besten erst danach erfolgen, damit die Kinder die Chance hatten, ihre Scheu abzulegen und dadurch ihrer Neugier und ihren Fragen offen nachzugehen. Dieses Gespräch in der Klasse sollte im Vorfeld vorbereitet werden. Was interessiert die Kinder grundsätzlich an neuen Lehrkräften? Durch das direkte Kennenlernen werden darüber hinaus Fragen entstehen, die ebenfalls Platz haben sollten.

Ist die Hospitation vorbei, wird das Kollegium genauso gehört wie die Kinder, die die Hospitantin erlebt haben. Wie waren die Eindrücke? Können Erwachsene und Kinder sich eine Zusammenarbeit vorstellen?

Stehen mehrere Personen zur Auswahl, muss abgewogen werden, wer am besten zur Schule passt.

Überlegen Sie sich, ob Kinder bei Neueinstellungen mitwirken oder tatsächlich mitbestimmen sollen. In beiden Fällen informieren Sie die Kinder, wie viel Gewicht ihre Meinung am Ende haben wird. Und da Transparenz für alle Beteiligten relevant ist, bedeutet das: Informieren Sie auch die Bewerberin darüber, dass die Kinder ihre Meinung äußern werden.

Um Willkür und reinen Bauchentscheidungen bei der Personalentscheidung entgegenzuwirken, sollten für die Beurteilung der Hospitation zuvor festgelegte Kriterien berücksichtigt werden. Ein Bewertungsraster kann als Instrument dienen. Ein solches Raster steht entweder den Schülerinnen und dem Kollegium gleichermaßen zur Verfügung. Oder in den Klassen werden die Bewertungskriterien festgelegt, die den Kindern wichtig sind und an denen sie sich nach einer Hospitation orientieren, während die Lehrerinnen und die Schulleitung ein eigenes Raster haben. In diesem Fall sollten beide Raster beiden Gruppen bekannt sein.

Ist die Entscheidung getroffen, halten Sie die Kinder auf dem Laufenden. Hat die Bewerberin die Stelle angenommen? Wann wird ihr erster Schultag sein? Oder werden neue Personen eingeladen, weil es nicht gepasst hat?

Stellenausschreibung und erste Auswahl

Vor der Einladung zu einem persönlichen Kennenlernen stehen selbstverständlich eine Stellenausschreibung sowie ein Auswahlprozess.

Haben Sie bereits darüber nachgedacht, Schülerinnen direkt zu fragen, wie sie sich eine Person wünschen, die an der Schule arbeitet? Welche Fähigkeiten, Stärken und Charaktereigenschaften sollte sie mitbringen? Formulieren Sie diese Ideen zur idealen Bewerberin für die Stellenanzeige und lassen Sie die Interessentinnen von Beginn an wissen, dass das Wort der Kinder ein Gewicht an Ihrer Schule hat.

Da Bewerbungsunterlagen sensible Daten enthalten, sollte nur ein ausgewählter Kreis an Personen Einsicht erhalten und die Vorauswahl treffen. Doch vielleicht gelingt es Ihnen bereits an dieser Stelle, auch die Bedürfnisse der Kinder in den Blick zu nehmen. Suchen Sie sehr unterschiedliche Bewerbungsprofile aus, so erhalten Kinder die Chance auf eine wirkliche Wahl.

Sich über Lehrkräfte beschweren

Personalentscheidungen werden manchmal auch bei Personen nötig, die bereits Teil des Schulteams sind. Stellen Kinder Probleme mit Erwachsenen fest, braucht es ein funktionierendes Beschwerdemanagement. Dieses sollte niederschwellig sein, damit Kinder sich trauen Schwierigkeiten und Konflikte anzusprechen (siehe S. 102 ff.). Sichern Sie den **Schutz der Kinder**, falls es zu weitreichenden Konsequenzen wie beispielsweise einer Versetzung oder einer Kündigung für ein Teammitglied kommt.

Doch auch wenn es keine Konflikte gibt, kann es immer passieren, dass Kind und Pädagogin nicht auf einer Wellenlänge sind. Setzen Sie in jeder Klasse mehrere Pädagoginnen ein, erhöht sich die Chance, dass jedes Kind eine vertraute Person hat, an die es sich wenden kann.

3 Darauf müssen Sie achten

Im zweiten Kapitel haben Sie verschiedene konkrete Praxisideen kennengelernt. Je nach Art Ihrer Schule können Sie diese direkt wie vorgeschlagen umsetzen, oder aber Sie passen die Ideen an Ihren Arbeitsalltag an. Völlig unabhängig von Ihren Rahmenbedingungen vor Ort gibt es aber dennoch einige allgemeingültige Punkte, auf die Sie achten müssen, um partizipativ zu arbeiten. Zunächst wird deshalb in diesem Kapitel auf die immer wieder erwähnte Haltung als Grundlage jeglichen partizipativen Handelns eingegangen (3.1). Eine gute Kommunikation mit Eltern ist nicht nur in Bezug auf Kinderpartizipation wichtig. Wie sie gelingen kann, erfahren Sie im Kapitel 3.2. Geht es um die Freiräume der Mitbestimmung, geht es immer auch um das Setzen von Grenzen. Kapitel 3.3. gibt Antworten auf die Frage, wo Freiräume enden. Zu guter Letzt bekommen Sie in Kapitel 3.4. Qualitätsstandards vorgestellt, die es Ihnen erleichtern sollen, Ihre eigene Arbeit zu überprüfen.

3.1 Ohne partizipative Haltung keine Partizipation

Partizipation zu verankern scheint zunächst vielleicht einfach. Ein paar Änderungen hier und dort, und schon bestimmen Kinder in ihrem Alltag mit. Doch sind die Änderungen nur dann wirksam, wenn Sie **Partizipation als Haltung statt als Methode** verstehen – und die Einstellung vertreten, dass es zum einen das Recht jedes Kindes ist mitzubestimmen und dass zum anderen Kinder auch in der Lage sind, dies zu tun. Um Partizipation abzulehnen, werden verschiedene Gründe immer wieder genannt: Kinder sind durch die vielen Freiheiten überfordert. Kinder können gar nicht wissen, was gut für sie ist. Kinder haben nicht den Überblick über die Gesamtsituation. Kinder sind zu leicht zu beeinflussen. Kinder denken nur an ihr eigenes Wohl. Partizipation kostet viel zu viel Zeit und macht alles nur komplizierter.

Wer die Meinung vertritt, dass Partizipation ein Kinderrecht ist, sagt solche Sätze nicht. Vielmehr stellt man sich die Frage, wie Partizipationsmöglichkeiten gestaltet werden können, dass die Fähigkeiten der Kinder keine Hindernisse darstellen. Je jünger Kinder sind, desto größer wird die pädagogische Herausforderung für Sie als Pädagogin. Doch mit der entsprechenden Haltung werden Sie sich dieser Herausforderung wie selbstverständlich stellen.

Nehmen Sie sich also sehr viel Zeit dafür, sich mit sich und dem Kollegium auseinanderzusetzen. In Kapitel 2.1. wurde erläutert, wie Sie dabei vorgehen können. Dieser Schritt ist die Grundlage für alles Weitere. Gehen Sie diesen nicht, ist es dem Zufall überlassen, ob Partizipation gelingt oder nicht.

3.2 Arbeit mit den Eltern

Eltern sind in allen Bereichen der Bildungsarbeit sehr wichtige Kommunikationspartner und bei der konzeptionellen Weiterentwicklung von Schule zu berücksichtigen. Holger Lindemann identifiziert sie in seinem Buch „Unternehmen Schule: Organisation und Organisationsentwicklung" als externe Kunden, die an den Dienstleistungen der Schule interessiert sind (vgl. Lindemann 2017, S. 69 f.).

Wie in Abschnitt 2.1.1 dargestellt, gibt es unterschiedliche Gründe dafür, Partizipation von Kindern anzustreben. Eltern sollten verstehen, dass es dabei um die

Umsetzung eines Grundrechts von Kindern geht. Aber auch die gemeinschaftsfördernde Wirkung sowie natürlich die Möglichkeit des Kompetenzerwerbs sind für Eltern relevant. Wünschenswert wäre, dass Partizipation von Kindern nicht an den Schultüren endet, sondern in der Familie ihre Fortsetzung findet.

Schule hat verschiedene Möglichkeiten, um der Bildungsfunktion auch Eltern gegenüber nachzukommen. Es gilt dabei zu berücksichtigen, dass nicht alle Eltern regelmäßig vor Ort sind oder Gesprächsangebote wie Elternabende für sich nutzen. Auch wenn man manche Eltern nicht erreichen wird, stellt sich die gleiche Frage wie für die Partizipation von Kindern: Auf welche Ressourcen kann ich zurückgreifen, um Partizipation so vielen Menschen wie möglich zugänglich zu machen? Welche Hindernisse und Hürden könnte es geben, die Eltern den Zugang zu Partizipation erschweren – und wie kann man diese vermeiden oder abbauen? Zunächst ist zu überlegen, worüber Eltern informiert werden können:

- Theoretische Grundlagen von Partizipation wie beispielsweise die Gründe für Partizipation und die Partizipationsstufen
- Vorhaben und Ziele der Schule
- Bisherige Erfolgsgeschichten

Danach ist eine geeignete Form zu finden, die zu den Eltern, der Schule und den Inhalten passt:

- Schreiben Sie Ihre Haltung in einer **Schulkonzeption** fest, die sie vor Schuleintritt an die Eltern herausgeben. Achten Sie auf eine verständliche Sprache, die auch Nicht-Lehrkräfte verstehen.
- Sprechen Sie bei jedem **Elternabend** zu Jahresbeginn über einen Aspekt von Kinderpartizipation. Haben Sie in Ihrer Konzeption Partizipation von Kindern verankert, nutzen Sie diese als Grundlage.
- Gestalten Sie eine **Infowand** an einem für Eltern zugänglichen Ort in der Schule. Visualisieren Sie Ihre Schulstrukturen. Zeigen Sie Fotos von gewählten Gremien sowie Fotos mit kurzen Texten, die erklären, was die abgebildeten Situationen mit Partizipation zu tun haben. So wird Partizipation greifbar und verständlich. Wie wäre es, diese Infowand mit der des Elternbeirats zu verknüpfen? So ist auf einen Blick sichtbar, dass Partizipation auf verschiedenen Ebenen stattfindet.

- Verfassen Sie monatlich eine **Infomail**, um Eltern niederschwellig über die Erfolgsgeschichten Ihrer Schule zu informieren. Die Regelmäßigkeit ist entscheidend, um das Thema bei Eltern präsent zu halten. Es müssen nicht immer große Entscheidungen erwähnt werden. Auch kleine Alltagssituationen, die Sie beobachten, sind von Interesse.
- Nutzen Sie **Schulfeste** oder einen **Tag der offenen Tür** dafür, dass Kinder selbst präsentieren, wie sie in ihre Schule eingebunden sind. Und lassen Sie die Kinder am besten selbst planen, was sie Eltern und Außenstehenden von ihrer Mitarbeit zeigen wollen.

Machen Sie es sich zunutze, dass Sie einmal Erarbeitetes über verschiedene Kanäle streuen können. Ein Text, der an der Infowand ausgehängt wird, kann gleichzeitig auch als Mail an Eltern verschickt werden.

Wie sind Eltern eigentlich in Ihrem Schulleben eingebunden? Gibt es dafür klare und kommunizierte Partizipationsstrukturen? Alle Inhalte, die sich auf die Mitbestimmung von Kindern beziehen, können auf die Elternebene gebracht werden. Beispielsweise kann Partizipation je nach Kontext bedeuten, andere Beteiligte zu informieren, sie um ihre Rückmeldung zu bitten oder aber sie selbst entscheiden zu lassen (s. Kapitel 1.3). Werden Eltern gut informiert, werden sie den Mehrwert von Partizipation spüren. Erleben Eltern, dass ihre Meinung gehört und ernst genommen wird, werden sie verstehen, worauf es bei der Mitsprache ihrer eigenen Kinder ankommt.

3.3 Grenzen sind wichtig

Wie in den vorangegangenen Kapiteln bereits mehrfach erwähnt, stößt Partizipation immer irgendwann an ihre Grenzen. Eine gelungene Partizipationspraxis ist nicht die mit den wenigsten Grenzen, sondern die, in der **Grenzen bewusst gesetzt, reflektiert und allen Beteiligten gegenüber transparent gemacht** werden.

Auch wenn es im ersten Moment wie ein Widerspruch zur Forderung nach mehr Partizipationsräumen für Kinder erscheint, sind Partizipation Grenzen gesetzt – unter anderem dann, wenn Pädagoginnen bei anstehenden Ent-

scheidungen an ihrer Macht festhalten wollen und nicht bereit sind, Kinder zu beteiligen. Zwingt man sich nämlich selbst zu Partizipation, kann diese nicht gelingen. Man würde die Macht, die man besitzt, einsetzen, um Ergebnisse herbeizuführen, die man selbst anvisiert. Man würde Gefahr laufen zu manipulieren, oder aber wäre im Nachhinein unglücklich und würde Kinder in Zukunft lieber nicht mehr mitbestimmen lassen.

Unumstritten ist außerdem eine Grenze von Partizipation erreicht, wenn die körperliche oder seelische Gesundheit von Kindern gefährdet ist. Bekommen Sie mit, dass ein Kind ein anderes heftig attackiert, müssen Sie sich einschalten, statt darauf zu hoffen, dass die Kinder ihren Konflikt alleine klären. Auch wenn es um die Sicherheit im Straßenverkehr geht, ist Mitbestimmung fehl am Platz. Doch selbst über Sicherheit können Pädagoginnen untereinander diskutieren und zu unterschiedlichen Ergebnissen kommen, denn jeder Mensch hat ein anderes Empfinden, was gefährlich ist und was man als gesunde Herausforderung zulassen darf. Besprechen Sie in diesem Fall im Team, was Ihnen wichtiger ist:

- Sie wollen als Team einheitlich vorgehen? Dann muss die Einigung dahin gehen, dass sich alle Pädagoginnen noch wohl fühlen. Ist eine Pädagogin in der Runde, die Mitbestimmung als gefährdend einschätzt, dann muss sich das ganze Team daranhalten. Ein Konsens in die andere Richtung wäre unverantwortlich der besorgten Mitarbeiterin gegenüber. Denn wichtig ist gerade beim Thema Sicherheit, dass jede Pädagogin nur tut, womit sie sich selbst wohl fühlt.
- Ist es Ihnen wichtiger, Kindern wenige Grenzen zu setzen und ihnen den Raum zu geben, sich auszuprobieren? Dann machen Sie den Kindern gegenüber klar, dass Sie unterschiedlicher Meinung sind und Sie deswegen keine einheitlichen Regeln durchsetzen. Bei Einzelnen ist dann mehr Freiraum gegeben als bei anderen. So erreichen Sie trotz unterschiedlichen Verhaltens ein konsequentes Vorgehen.

Kinder werden es verstehen, dass sie nicht über alles entscheiden dürfen, wenn Sie es ihnen richtig erklären. Entscheidungsfreiräume transparent zu machen heißt also auch, Entscheidungsgrenzen zu benennen.

3.4 Allgemeine Qualitätsstandards

Das Bundesministerium für Familie, Senioren, Frauen und Jugend hat Qualitätsstandards zur Partizipation von Kindern veröffentlicht (2015). Diese geben eine gute Orientierung, um sich immer wieder selbst zu fragen, ob man selbst noch partizipativ arbeitet. Die Standards sind zusammengefasst folgende:

- Kinder wollen sich beteiligen und werden dabei von den Pädagoginnen unterstützt.
- Alle Kinder können sich gleichermaßen beteiligen.
- Ziele, getroffene Entscheidungen und Partizipationsmöglichkeiten werden transparent gemacht.
- Kinder werden angemessen informiert, und es herrscht eine gleichberechtigte Kommunikationskultur.
- Die Partizipationsthemen haben für die Kinder Relevanz.
- Die Methoden sind an den Kindern orientiert.
- Es stehen Ressourcen zur Umsetzung von Partizipation zur Verfügung.
- Ergebnisse werden ohne zeitliche Verzögerung realisiert.
- Es werden auch Kontakte außerhalb der Schule zur Unterstützung von Partizipation geknüpft.
- Pädagoginnen werden für ihre Partizipationsaufgabe qualifiziert.
- Partizipationsprozesse nutzen jedem Kind persönlich.
- Kindern gegenüber wird Wertschätzung dafür entgegengebracht, dass sie sich beteiligen.
- Es braucht Evaluationen und Dokumentationen der Partizipationsprozesse.

Hält Ihre Partizipationspraxis diesen Qualitätsstandards stand? Die Kriterien können in einer Teamsitzung zur regelmäßigen Überprüfung Ihrer Arbeit dienen. Und auch die folgenden Merksätze helfen, Partizipation zu verwirklichen. Sie können die Lektüre des Buches und eine tiefergehende Auseinandersetzung mit dem Thema Partizipation nicht ersetzen, fassen aber das Wesentliche prägnant zusammen. Vielleicht wollen Sie ja einige der Merksätze im Lehrerzimmer aufhängen?

!

- Partizipation von Kindern liegt in der Verantwortung der Erwachsenen.
- Mit einer partizipativen Haltung ist der größte Schritt bereits geschafft.
- Partizipation braucht Zeit und ist ein niemals endender Prozess.
- Partizipation bedeutet im ersten Schritt immer, dass jemand seine eigene Macht bewusst teilt oder abgibt.
- Eine strukturelle Verankerung von Partizipation macht sie für alle einforderbar und kann die Willkür einzelner unterbinden.
- Partizipation ist nicht gleich Partizipation. Für jedes Thema gibt es eine angemessene Form.
- Ernst gemeinte Partizipation braucht Grenzen. Diese müssen für alle Beteiligten transparent sein.
- Eine gute Kommunikation ist für Partizipation das A und O. Lernen Sie Moderationstechniken und das richtige Fragenstellen.
- Auch Beschwerden sind eine Form von Partizipation und als solche ernst zu nehmen.
- Kinder zu beteiligen ist keine Kür, kein pädagogischer Trend, sondern eine Pflicht.

4 Stolpersteine

Arbeitet man in einer Schule partizipativ, muss man sich auf einige Widerstände einstellen:

- Widerstände, die in der eigenen Persönlichkeit verborgen sind
- Widerstände des Teams, das seine Arbeitsweise nicht ändern will oder durch die neue pädagogische Ausrichtung überfordert ist
- Widerstände vonseiten der Eltern, die nicht verstehen, was das Ganze für einen Sinn ergeben soll

Dieses Kapitel wird diese drei Personengruppen in den Blick nehmen und aufzeigen, wie sie zu Stolpersteinen auf dem Weg zur Partizipation werden können. Die Ausführungen sollen dabei helfen, einen realistischen, aber dennoch positiven Blick auf das Thema zu richten. Ganz sicher werden auch Sie auf Ihrem Weg stolpern – und erinnern sich dann hoffentlich an die Beispiele, die zeigen, dass es dazu gehört und es wichtig ist, aufzustehen und weiterzugehen, weil es sich lohnt.

Die Leiterin einer Kita mit bereits zehnjähriger Partizipationserfahrung fasst die Situation folgendermaßen und auch auf den Schulkontext übertragbar zusammen:

Wer sich mit der Partizipation von Kindern beschäftigt und nach Stolpersteinen sucht, muss wahrscheinlich nicht sehr lange suchen. Man findet sie eigentlich ständig. Im Laufe der Zeit verändern sich aber die Stolpersteine, die eine verlässliche Beteiligung von Kindern immer wieder schwierig, herausfordernd und interessant machen. Am Anfang liegen sie häufig noch in der Herausforderung der besonderen Aufbereitung der Themen mit den Kindern. Später, wenn man eine gewisse Sicherheit im Ablauf erworben hat, lernt man immer wieder eigene neue Grenzen kennen, die man aber nicht immer selbst erkennt.

Wie bereits beschrieben ist der Weg zu mehr und besserer Kindermitbestimmung nicht immer geradlinig und vor allem auch niemals zu Ende. Doch diese Kitaleiterin lässt sich hierdurch nicht davon abbringen, weiter für das Thema einzustehen und Stolperstein um Stolperstein zu überwinden.

4.1 Sich eigenen Widerständen stellen

Ich bin von Grund auf davon überzeugt, dass Kinder über ihr eigenes Leben mitbestimmen sollen.

So fängt die Schulleiterin einer Schule in Sachsen an zu erzählen. Seit acht Jahren ist sie in ihrer Funktion und hatte von Beginn an die Vision einer demokratischen Schule.

Und trotzdem stoße ich regelmäßig an eigene Grenzen. Kein Wunder, dass diejenigen, die weniger an die Idee von Partizipation glauben, es erst recht tun. Seit ich als Leitung Demokratie an meiner Schule vorantreibe, sehe ich, was alles passiert ist. Die Kinder scheinen sich mehr als Teil der Gemeinschaft zu fühlen. Und sie hinterfragen unser Handeln, wenn wir mal wieder zu schnell waren und vergessen haben, sie so einzubinden, wie wir es ausgemacht hatten. Ich freue mich in solchen Momenten über das Selbstbewusstsein der Kinder und darüber, wie normal es mittlerweile für die Kinder ist,

ihren Unmut zu äußern, anstatt mich daran zu stören, dass ich meine Arbeitsweise ändern muss.

Dass ich trotzdem manchmal gerne wieder alle Entscheidungsmacht bei mir hätte, passiert. Ob ich will oder nicht. Ein Beispiel, das mir dazu einfällt ist die jährliche Aktion, die wir bei uns eingeführt haben. Während Veranstaltungen an der Schule wird Geld gesammelt, das der Schulrat dafür verwenden darf Spiele für unseren Hof zu kaufen. In diesem Jahr hatten wir einen großen Umbau und so war klar, dass die Kinder den Hof nicht nutzen können, wie sie es sonst tun. Es musste also eine neue Idee her, was mit dem Geld passieren soll. Der Schulrat sammelte Ideen und stimmte sie mit den Klassen ab. Der Wunsch war, dass die Kinder etwas gemeinsam unternehmen. Ganz oben auf der Wunschliste stand eine Schulübernachtung. Mein erster Gedanke, als ich das hörte: Jetzt verfügen die Kinder einfach über meine Zeit oder über die meines Teams!" Denn Übernachtungen gehen über die normale Arbeitszeit hinaus und erfordern einiges an Vorbereitungen. Nicht umsonst haben wir vor einigen Jahren beschlossen, dass es Übernachtungen an der Schule nicht mehr geben soll.

Es hat nicht lange gedauert, meinen Widerstand wieder loszuwerden. Ich weiß ja eigentlich, dass ich bei den Entscheidungen selbst noch ein Wort mitzureden habe. Und wenn ich wirklich ein großes Problem damit habe, dass es eine Übernachtung gibt, kann ich Nein sagen.

Ich kann eigentlich nur meinen Kopf über mich selbst schütteln. Was erwarte ich, wenn Kinder sich mit ihren Ideen einbringen? Dass alles weitergeht wie bisher? So ist es eben nicht, wenn viele mitsprechen. Es ist ja auch in meinem Team nicht so, dass alle am gleichen Strang ziehen wollen, man manche Diskussion zu führen hat und am Ende auch jemand zurückstecken muss. Manchmal auch ich. Im Hinterkopf bleibt die Überzeugung, dass es richtig ist, dass Menschen in ihrem eigenen Leben mitentscheiden dürfen. Das fordere ich für mein eigenes Leben, und das gilt genauso für die anderen, die an der Schule sind. Darauf versuche ich mich zu besinnen, wenn ich Personen begegne, die Zweifel daran haben, dass die Partizipation von Kindern Platz an der Schule haben soll. Und je nachdem, wer mir gegenübersteht, glaube ich, dass es hilfreich ist, authentisch zu sein und auch über meine eigenen Widerstände zu sprechen. Dann kann ich bei manchen errei-

chen, dass sie sich mit ihrem Widerwillen bewusst auseinandersetzen und diesen nicht mehr als Ausschlusskriterium Partizipation gegenüber ansehen. Es gehört wohl dazu, dass man ab und an Sorge um die eigene Freiheit hat, wenn man nicht mehr alle Entscheidungen alleine in der Hand hat. Das darf man sich ruhig eingestehen.
Ich bin stolz darauf, dass wir uns an meiner Schule nicht davon haben beirren lassen und die Auseinandersetzungen miteinander nicht mehr scheuen. Es hat gedauert, bis wir an dem Punkt waren. Uns ist allen bewusst, dass noch ein weiter Weg vor uns liegt, wollen wir Kinder in allen Bereichen des Schullebens partizipieren lassen. Es geht eben nicht von heute auf morgen.

Nicht einmal diejenigen, die selbst Prozesse angestoßen haben, damit Kinder mitbestimmen, sind davor gefeit, Zweifel zu hegen oder ein Unwohlsein zu empfinden, wenn es nicht läuft, wie erwartet. Partizipation heißt, bewusst aus der eigenen Komfortzone rauszugehen und vorher nicht zu wissen, ob das persönliche Komfortempfinden innerhalb der Gruppe Berücksichtigung finden wird. Grundsätzlich gilt, vorab zu überlegen, ob man Entscheidungen in andere Hände legen kann und mag. Aber nicht immer ist vorher schon abzusehen, wann man es bereuen wird, die Entscheidung abgegeben zu haben.

Authentisch dürfen auch Sie damit umgehen, wenn Sie Widerstände verspüren. **Durch Ihren offenen Umgang mit den eigenen Widerständen können Sie ein Vorbild für andere sein**, die sich selbst überfordert fühlen. Und Sie bieten eine Fläche für Gespräche und kollegiale Beratung, die alle weiterbringen kann.

4.2 Sich Widerständen eines Teams stellen

Sechs Jahre ist es her, dass die Grundschullehrerin an die Frankfurter Schule kam. Zu dem Zeitpunkt gab es bereits die Schulkonferenz, die die damalige Schulleitung eingeführt hatte. Die Lehrerin hatte neben ihrem Unterricht eine Sonderaufgabe, auf die sie besonders gespannt war: die demokratischen Strukturen begleiten, stabilisieren und, wo möglich, weiter ausbauen.

Ich war voller positiver Energie, als ich in meiner Stelle loslegte. Schule demokratischer zu machen fand ich wichtig und richtig. Das Schulsystem ist nicht dafür bekannt, dass schnell große Sprünge möglich sind. Aber dass ich mit meiner Haltung immer wieder fast auf einsamer Flur stehen würde, hatte ich nicht erwartet. Über Jahre hinweg waren die Stolpersteine deutlich zu spüren. Drei erwiesen sich als besonders hartnäckig.

Die Angst vor Machtverlust ist der Stolperstein, der das Vorankommen am meisten hemmt. In der Schule ist man die Hierarchieebenen gewohnt, die auch nicht gerne hinterfragt werden: Die Erwachsenen wissen, was gut für die Kinder ist, und geben klar die Richtung vor, in die alle gemeinsam zu gehen haben. Selbst wenn Erwachsene sich gegenseitig Rückmeldung geben, wird es als Grenzüberschreitung wahrgenommen. Was in den Klassen passiert, bleibt in den Klassen, und da hat auch niemand durch die Tür zu schauen, um mitzubekommen, was genau dahinter passiert. Und dieses Denken wird durch das System gefestigt.

Wenn ich Ergebnisse aus der Schulkonferenz in die Gesamtlehrerkonferenz bringe, ist mein Eindruck, dass die sorgenvolle Anspannung steigt. Und so verbinde ich den Bericht häufig mit beruhigenden Worten, dass alles halb so wild sei. Und bin genervt, weil ich wie ein Mantra wiederholen muss, dass die Kinder keine großen Entscheidungen alleine treffen dürfen, und nicht nachvollziehen kann, warum das Misstrauen der Schulkonferenz gegenüber nicht endlich abnimmt. Spätestens durch die offizielle Einführung des Vetorechts für die Gesamtlehrerkonferenz hätte doch klar sein müssen, dass das Prinzip nicht sein soll, dass Kinder alle Macht an sich nehmen.

Was für alle deshalb wichtig ist, ist die Benennung von Grenzen der Mitbestimmung. Es muss definiert sein, wie weit die Freiheiten für Kinder gefasst sind und ab wann die Erwachsenen eingreifen dürfen und sollen. Bekommt es wieder jemand mit der Angst zu tun, kann ich auf die Definition verweisen und erklären, dass die Macht trotz der Kinderkonferenz bei den Lehrerinnen und Lehrern bleibt. Eine Lehrerin aus dem Kollegium sagt manchmal: Ich spüre den Reflex jedes Mal wieder, dass ich denke, jemand anderes könnte über mich bestimmen." Dass sie das so benennen kann, ist ja schon ein wichtiger Schritt.

Was mich als zweiter Stolperstein all die Jahre begleitet, ist für mich auch nicht so einfach zu verstehen. Ich stoße oft auf viel Unwissen über Demokratie. Vielleicht fehlt auch das Interesse daran oder die Überzeugung, dass das demokratische System ein wertvolles ist? Und so wiederhole ich jährlich zum Schuljahresbeginn, wie eine Wahl zu Klassensprecherinnen und -sprechern abzulaufen hat. Und da gelten die gleichen Regeln wie für andere Wahlen auch. Zum Beispiel soll es echte Wahlen geben, und die Kinder sollen frei entscheiden dürfen, ob sie kandidieren und wen sie wählen. Auch dass die Wahlen geheim sind, ist nicht für alle selbstverständlich. So erzählte mir eine der Lehrerinnen nach ihrer Wahl davon, wie sie die Wahlen ihrer Klasse durchgeführt hat: Die Kinder, die zur Wahl standen, mussten sich im Raum aufstellen. Die anderen Kinder stellten sich zu dem Kind, dem sie ihre Stimme geben wollten. Die beiden Schülerinnen und Schüler, die von den meisten Kindern umgeben waren, waren für ihre neue Aufgabe gewählt. Von einer geheimen Wahl ist dieses Vorgehen weit entfernt. In ihrem Bemühen, die Wahl den Fähigkeiten der Erstklässlerinnen- und Erstklässler anzupassen, übersah sie den Grundsatz der geheimen Wahl. In diesem Moment kommen mir Zweifel, ob es realistisch ist zu glauben, dass zumindest die demokratischen Basics in der Schule richtig gelebt werden.

Das dritte Hindernis, das mir konstant begegnet, ist, dass Lehrerinnen und Lehrer nicht gerne sehen, dass Kinder ihren Unterricht verpassen. Und so kämpfe ich fast schon um jede einzelne Stunde der Schulkonferenz, in der aus allen Klassen die Sprecherinnen und Sprecher kommen sollen. Und frage mich dabei, was die Kinder angeblich in den wenigen Unterrichtsstunden, die sie für ihre Aufgabe als Klassensprecherinnen und -sprecher freigestellt sind, alles lernen, was nicht auch gut aufzuholen ist. Und so wurde mir etwa alle zwei Monate eine Schulstunde zugestanden, um mit den Kindern die Konferenz durchzuführen. Hat man den Wunsch, dass die Konferenz wirklich etwas von Grund auf erarbeiten kann, reicht die Zeit eigentlich bei weitem nicht aus. Was im Team leider bis jetzt bei vielen noch nicht angekommen ist: Von der Schulkonferenz profitieren nicht nur die Kinder, die dabei sind, sondern alle. Denn die Kinder in allen Klassen erfahren, wie Beschlüsse und Überlegungen aus der Konferenz in die Klassenräte getragen werden und wie auf diesem Weg Änderungen in der Schule entstehen, die die

Kinder selbst beeinflusst haben. Eine meiner Kolleginnen erzählte mir, dass es für sie durch die Schulkonferenz ein Leichtes war, in der Klasse über Politik zu sprechen. Denn sie konnte Parallelen zwischen dem Gremium und der demokratischen Gesellschaft in Deutschland ziehen. Das ist nachvollziehbar, weil Kinder die Demokratie im Kleinen hautnah selbst erleben.
Auch wenn einen die geschilderten Widerstände ausbremsen könnten, habe ich für mich irgendwann verstanden, dass ich mich auf die positiven Beispiele konzentrieren möchte. Wenn manche aus dem Team nicht mitmachen, dann ist es eben so. Dafür bleibt Zeit, um mit denjenigen zu arbeiten, die selbst Verständnis für Partizipation mitbringen und Demokratie genauso wichtig finden wie ich. Eine minimale Anforderung gibt es trotzdem für alle: Nach den Herbstferien müssen in allen Klassen die Sprecherinnen und Sprecher gewählt worden sein. Und das ist auch in einer ersten Klasse möglich, selbst wenn ich diese Diskussion jedes Jahr aufs Neue führe. So habe ich Hoffnung, dass die gewählten Kinder die Idee der Schulkonferenz begreifen und sie in ihre Klasse zurücktragen. Dadurch kann über die Jahre hinweg eine Kultur in der Schule wachsen, die die Kinder selbst befeuern, die für die Kinder so selbstverständlich wird, dass sie sie selbst einfordern, und der sich auch die wenig überzeugten Erwachsenen nicht mehr entziehen können.

Wie steht es um Ihr Team? Fühlen Sie sich mit ihrer Idee von mehr Partizipation unter Gleichgesinnten? Oder sind Sie eher Einzelkämpferin? Gehen Sie Ihren eigenen Überzeugungen nach, auch wenn Sie Gegenwind bekommen?

Es ist bedauerlich, wenn ein großer Teil der Energie darauf verschwendet werden muss, gegen Vorurteile und unbegründete Ängste anzugehen. Und da die Mitarbeitenden einer Schule nur selten gezielt ausgewählt werden können, ist es normal, dass sich unterschiedlichste Werte gegenüberstehen. Lassen Sie sich davon nicht entmutigen, sondern gehen Sie lieber auf die Suche nach denjenigen, die eine ähnliche pädagogische Grundhaltung verfolgen wie Sie.

Haben Sie die Möglichkeit die Mitglieder des Kollegiums auszuwählen, suchen Sie sich Menschen aus, die zu Ihrer Haltung passen und die Lust haben, die eigene Arbeit zu hinterfragen. Das wird vieles einfacher machen und die Schule schneller voranbringen.

4.3 Sich Widerständen von Eltern stellen

Obwohl sich die Eltern, deren Kinder an einer freien Schule sind, anscheinend ganz bewusst mit dem pädagogischen Konzept auseinandergesetzt und sich dafür entschieden haben, gibt es auch bei ihnen Widerstände gegen das ausgewählte System. Eine Lehrerin erzählt aus ihrer Erfahrung an einer Privatschule. Dass die Kinder mitbestimmen dürfen, ist für sie selbstverständlich. Das endet auch nicht beim Lernen – selbst dann nicht, wenn nicht alle Eltern darüber glücklich sind.

Bildungspartnerschaft wird in unserer Schule großgeschrieben. Eltern sind für die Bildung ihrer Kinder die wichtigsten Personen und das soll so auch bleiben. Deswegen interessieren wir uns für die Meinung der Eltern und versuchen, auf deren Wünsche einzugehen. Demgegenüber steht manchmal trotzdem, dass wir ein pädagogisches Konzept haben, das der Einstellung der Eltern nicht immer entspricht. Dabei versuchen wir, sie von Beginn an, so gut wie nur möglich, zu informieren. Bevor Kinder in der Schule aufgenommen werden, hospitieren Eltern einen ganzen Tag. Denn unsere Schule ist anders als das, was die Eltern in ihrer eigenen Biografie erlebt haben. Es reicht nicht aus, das Konzept, das wir haben, zu lesen. Unseren Schulalltag muss man gesehen haben, um wirklich zu verstehen, wie wir mit den Kindern arbeiten. Zu den Hospitationen gehört ein Gespräch mit der Schulleitung, die einerseits Fragen beantwortet, andererseits aber auch versucht zu erspüren, ob Eltern tatsächlich zu der Philosophie der Schule passen. Denn ist das nicht so, wird es früher oder später problematisch für alle Seiten.

Wir vertrauen sehr stark darauf, dass Kinder selbst für ihr Lernen verantwortlich sein können. Und wir sind davon überzeugt, dass wir keinen Druck ausüben müssen, damit Kinder in der Grundschule alles lernen, was sie für ihr Leben und die spätere Schullaufbahn brauchen. Das hören Eltern meist sehr gerne, wenn ihre Kinder noch in der Kita sind. Die ersten zwei Jahre in der Grundschule sind alle Beteiligten in der Regel auch entspannt und können diese Einstellung mittragen. Doch ab dem dritten Schuljahr wandelt sich die Stimmung bei einigen. Was vorher noch als spielerische Zeit angesehen wurde, in der man Kindern ihre Freiheiten lassen kann, geht über in

einen Leistungsdruck. Manche Eltern entwickeln eine Sorge, dass das eigene Kind auf einer weiterführenden Schule nicht bestehen kann und den Anschluss an Kinder anderer Schulen verliert. Was dann passiert, wird zu einer Zerreißprobe für alle. Entweder unterdrücken Eltern die Sorge und verleugnen sich damit selbst. Oder sie hinterfragen ständig das Handeln der Lehrer und mischen auch andere Eltern damit auf. Oder aber sie beginnen, direkt auf das Kind einzuwirken. Ergebnis ist häufig, dass Eltern sich mit ihrem Kind zu Hause hinsetzen und das pauken, was ihnen in der Schule zu kurz kommt.

Selbst wenn Eltern versuchen, sich ihrem Kind gegenüber zurückzuhalten und ihre Unsicherheiten nicht zeigen möchten, merken Kinder dies mit ihrer Sensibilität für Stimmungen oft. Dadurch verlieren auch sie ein Stück ihrer Gelassenheit, mit der sie vorher die Welt erkundet und dabei so viel begriffen haben.

Wir erzählen Eltern gerne von anderen Kindern, die wir in all den Jahren an unserer Schule bereits begleitet haben und von denen wir wissen, dass sie nach den vier Grundschuljahren problemlos in der weiterführenden Schule angekommen sind. Aber wir Lehrer haben den Eltern gegenüber den Vorteil, dass wir diese vielen Beispiele kennen, selbst bereits Zweifel durchlebt haben und am Ende immer wieder eines Besseren belehrt wurden. Und diese Erfahrung lässt uns selbstbewusst in die Fähigkeiten und Ressourcen der Kinder vertrauen.

In manchen Fällen ist der Zweifel der Eltern so groß, dass sie sich dazu entschließen, das Kind in einer anderen Schule anzumelden. Dies würden wir gerne vermeiden, weil es für Kinder oft schwierig ist, mittendrin in ein neues System zu wechseln. Aber wir sehen auch, dass Kinder mitleiden, wenn Eltern leiden. Und dann müssen wir schweren Herzens akzeptieren, dass unsere Schulphilosophie nicht für alle Eltern geeignet ist.

Als die Schule erst wenige Jahre bestand und wir noch nicht den Beweis dafür hatten, dass unser Weg funktioniert, waren die zweifelnden Eltern häufig Auslöser dafür, dass auch wir im Team ins Wanken gerieten. Wir waren eigentlich davon überzeugt das Richtige zu tun, konnten uns auf wissenschaftliche Erkenntnisse berufen, hatten andere freie Schulen als Vorbild. Der Sorge der Eltern konnten wir uns trotzdem nicht entziehen,

machten uns dann selbst Sorgen und haben viele Besprechungen damit verbracht zu überlegen, wie wir damit umgehen wollen. Bleiben wir bei unserem Kurs oder müssen wir doch umdenken?
Nach den Jahren kann uns zumindest in den Grundfesten niemand mehr verunsichern. Aber eine freie Schule entwickelt sich immer weiter. Mit jeder neuen Familie, mit jedem neuen Kollegen entstehen neue Ideen und manchmal auch Herausforderungen. Darauf reagieren wir, und so bleibt alles in Bewegung. Auch daran haben wir uns gewöhnt. Eltern müssen wir dabei immer im Auge behalten, denn Veränderungen können bei ihnen Verunsicherungen hervorrufen. Es könnte nämlich die Botschaft ankommen: Wenn alles gut läuft, muss man nichts verändern. Wenn etwas verändert wird, dann muss es vorher ein Problem gegeben haben."
Was unserer Elternarbeit gut tut, sind die Eltern, die mit unserer Schule mitgewachsen sind, weil sie bereits mehrere Kinder bei uns hatten. Ihre Gelassenheit hat auf Eltern eine ganz andere Wirkung als die von uns Lehrern.
Insgesamt schätzen wir uns mit unserer Elternschaft glücklich. Wir wissen, dass Eltern uns nicht aus Prinzip kritisch hinterfragen, sondern alles aus einer Verantwortung für den eigenen Nachwuchs heraus geschieht. Und dass Eltern sich um das Wohl ihrer Kinder kümmern, freut uns. Nicht umsonst haben sich die Eltern mit verschiedenen Schulformen auseinandergesetzt und sich für unsere Schule entschieden.

Die Elternarbeit ist ein ganz wichtiger Baustein innerhalb einer Schule. Das schließt Gespräche über pädagogische Themen mit ein. Treten Sie Eltern mit Verständnis gegenüber. Man weiß nicht, welche Sorgen und Gründe hinter einer abwehrenden oder skeptischen Haltung stehen. Aber lassen Sie sich auch nicht zu schnell verunsichern. Schließlich sind Sie die Expertinnen für Pädagogik.

Überlegen Sie sich, wie die Elternkommunikation gut gelingen kann, sodass Sie partnerschaftlich miteinander arbeiten können und das Wohl des Kindes dabei immer im Mittelpunkt steht. Stellen Sie sich aber auch darauf ein, dass es nahezu unmöglich ist, immer einen Konsens zu finden. **Manche Uneinigkeit gilt es auszuhalten.**

5 Zum Weiterlesen

Praxisbuch Klassenrat

Friedrichs, Birte (2013): Praxisbuch Klassenrat. Gemeinschaft fördern, Konflikte lösen. Weinheim und Basel.

Die Autorin erklärt die Gründe für die Implementierung eines Klassenrats, erläutert den Ablauf und die Themen des Gremiums, zeigt Grenzen und mögliche Schwierigkeiten auf und beantwortet die häufigsten Fragen. Das Buch ist leicht zu lesen, eingängig und motiviert dazu, direkt loszulegen und eigene Erfahrungen zu sammeln. Die Kopiervorlagen am Ende des Buchs berücksichtigen die unterschiedlichen Fähigkeiten von Kindern und unterstützen gerade auch diejenigen, die noch nicht gut lesen können, durch Visualisierungen.

Klassenrat auf einen Blick

https://www.derklassenrat.de/ueber-uns

Auf der Homepage finden Sie Kurzerklärungen zum Klassenrat, eine Präsentation mit allen wichtigen Informationen, und Sie können sich Material bestellen, das die Arbeit im Klassenrat erleichtert.

Partizipation unter Beobachtung

http://www.uni-bielefeld.de/LS/laborschule_neu/dieschule.html

Die Bielefelder Laborschule ist die von Nordrhein-Westfalen eingerichtete staatliche Versuchsschule. Sie wurde 1974 von Hartmut von Hentig gegründet und dient der Erforschung von Lehr- und Lernformen sowie des sozialen Lebens innerhalb einer Schule. In der 2017 veröffentlichten Dokumentation „Demokratie leben und lernen" wird anschaulich dargestellt, wie sich eine Schule ganzheitlich demokratisch strukturiert hat. 2018 hat die Schule außerdem eine Schulverfassung veröffentlicht (siehe S. 45 f.), die Sie auf der Homepage nachlesen können.

Kinder an Leistungsbewertungen beteiligen

Bohl, Thorsten (2014): Prüfen und Bewerten im Offenen Unterricht. 4., erw. Auflage. Weinheim und Basel.

Offener Unterricht benötigt andere Formen der Leistungsbewertung als der klassische Frontalunterricht. Werden Kinder an der Gestaltung ihres Lernprozesses beteiligt, können sie auch an der Bewertung von Leistung beteiligt werden. Bohl stellt entsprechende Bewertungsverfahren vor, die für unterschiedliche Lernformen geeignet sind. Der Autor zieht Grundlagen aus der Diagnostik sowie Gütekriterien aus der Testtheorie heran, um seine entwickelten Verfahren auf wissenschaftliche Beine zu stellen. Dass er seinen Fokus auf die Sekundarstufe richtet, tut dem Ganzen keinen Abbruch.

Deutsche Gesellschaft für Demokratiepädagogik

https://www.degede.de/was-wir-wollen/

Die Deutsche Gesellschaft für Demokratiepädagogik e. V. hat auf ihrer Homepage alles, was das Demokratieherz von Lehrerinnen höherschlagen lässt. Neben einführenden Texten gibt es für verschiedenste Bedarfe Material, das in der Praxis eingesetzt werden kann. So ist es ein Leichtes, Kinderrechte im Unterricht zu besprechen, einen Klassenrat professionell durchzuführen oder sogar Ansprechpersonen zu finden, die bei Unterstützungsbedarf zur Verfügung stehen.

Allgemeine Qualitätsstandards für Partizipation

Bundesministerium für Familien, Senioren, Frauen und Jugend (2015): Qualitätsstandards für Beteiligung von Kindern und Jugendlichen. Allgemeine Qualitätsstandards und Empfehlungen für die Praxisfelder Kindertageseinrichtungen, Schule, Kommune, Kinder- und Jugendarbeit und Erzieherische Hilfen. Rostock.

Die Broschüre ist kostenlos zu beziehen. Sie führt allgemeine Qualitätsstandards für die Beteiligung von Kindern auf und konkretisiert diese Standards im Kontext verschiedener Handlungsfelder. Die aufgeführten Kriterien sind hilfreich, um die eigene Arbeit zu reflektieren und zu überarbeiten.

Partizipation in Schulen mit eigenen Augen sehen

Kahl, Reinhard (2005): Treibhäuser der Zukunft. Deutschland.

Aus mehr als 200 Stunden Filmmaterial sind DVDs entstanden, die den Blick auf Schule sehr verändern dürften. Zu erkennen ist, dass sich eine gelingende Schule unter anderem dadurch auszeichnet, dass sie Kinder am Schulleben beteiligt.

Kitas als Inspirationsquelle

Hansen, Rüdiger; Knauer, Raingard; Sturzenhecker, Benedikt (2011): Partizipation in Kindertageseinrichtungen. So gelingt Demokratiebildung mit Kindern. Weimar und Berlin.

Zwar ist dieses Buch auf die Arbeit in Kitas ausgerichtet, doch ist Partizipation so verständlich erklärt, dass sich der Blick ins Buch auch für Lehrerinnen lohnt. Denn was bereits mit Kitakindern gelingt, klappt in der Schule allemal! Grundlagen der Partizipation werden genauso ausführlich dargestellt wie der Weg, Partizipation in einer Kita umzusetzen. Ergebnisse einer Evaluation, Erläuterungen zum Modellprojekt und den Fortbildungen der „Kinderstube der Demokratie" sowie zwei beispielhafte Kitaverfassungen bilden den Schluss des Buches.

An der eigenen Haltung arbeiten

Wahl, Diethelm (2006): Lernumgebungen erfolgreich gestalten. Vom trägen Wissen zum kompetenten Handeln. 2. Aufl. Bad Heilbrunn.

Die eigene Haltung sowie automatisiertes Handeln zu ändern, ist nicht trivial. Wahl erklärt, was hinter den Schwierigkeiten steckt, was subjektive Theorien sind und wie Sie diese bearbeiten können. Durch konkrete Methoden ist es gut möglich, als Team rasch in die Umsetzung zu gehen. Einige davon haben Sie im Abschnitt 2.1.3 bereits kennengelernt.

Die Evolution und unsere Kinder

Renz-Polster, Herbert (2013): Kinder verstehen. Born to be wild: Wie die Evolution unsere Kinder prägt. 6. Aufl. München.

Kinder wissen gar nicht, was gut für sie ist? Renz-Polster erklärt sehr anschaulich, wie die Evolution uns Menschen geprägt hat und wie sich das Verhalten von Kindern darauf zurückführen lässt. So wird beispielsweise klar, warum es durchaus Sinn ergibt, wenn Kinder in einem bestimmten Alter nicht alles essen wollen. Die Lektüre dieses Buches kann dazu führen, mehr in Kinder und deren Bedürfnisse zu vertrauen.

Literaturverzeichnis

Bücher

Arendt, Hannah (1999): Vita activa oder Vom tätigen Leben. 11. Aufl. München und Zürich.

Arendt, Hannah (1998): Macht und Gewalt. 13. Aufl. München und Zürich.

Bayerisches Staatsministerium für Arbeit und Sozialordnung, Familie und Frauen; Bayerisches Staatsministerium für Bildung und Kultus, Wissenschaft und Kunst (2014): Gemeinsam Verantwortung tragen. Bayerische Leitlinien für die Bildung und Erziehung von Kindern bis zum Ende der Grundschulzeit. München.

Bayerisches Staatsministerium für Bildung und Kultus, Wissenschaft und Kunst (2014): LehrplanPLUS Grundschule. Lehrplan für die bayerische Grundschule. München.

Bohl, Thorsten (2009): Prüfen und Bewerten im Offenen Unterricht. 4., erw. Auflage. Weinheim und Basel.

Bundesministerium für Familien, Senioren, Frauen und Jugend (2015): Qualitätsstandards für Beteiligung von Kindern und Jugendlichen. Allgemeine Qualitätsstandards und Empfehlungen für die Praxisfelder Kindertageseinrichtungen, Schule, Kommune, Kinder- und Jugendarbeit und Erzieherische Hilfen. Rostock.

Deutsches Kinderhilfswerk e. V. (Hrsg.) (2018): Kinderreport Deutschland 2018. Rechte von Kindern in Deutschland. Berlin.

Fingerle, Michael; Röder, Mandy (2017): Förderung sozialer Kompetenzen bei Grundschulkindern. In: Hartmann, Ulrike; Hasselhorn, Marcus; Gold, Andreas (Hrsg.) (2017): Entwicklungsverläufe verstehen – Kinder mit Bildungsrisiken wirksam fördern. Forschungsergebnisse des Frankfurter IDeA-Zentrums. Stuttgart.

Freie und Hansestadt Hamburg, Behörde für Schule und Berufsbildung (2011): Bildungsplan Grundschule. Aufgabengebiete. Hamburg.

Friedrichs, Birte (2013): Praxisbuch Klassenrat. Gemeinschaft fördern, Konflikte lösen. Weinheim und Basel.

Grams Day, Sarah (2017): Zufriedene Lehrer machen Schule. Über die wichtigste Ressource zeitgemäßer Schulentwicklung. Münster.

Hansen, Rüdiger; Knauer, Raingard; Sturzenhecker, Benedikt (2011): Partizipation in Kindertageseinrichtungen. So gelingt Demokratiebildung mit Kindern. Weimar und Berlin.

Hansen, Rüdiger; Knauer, Raingard; Friedrich, Biance (2006): Die Kinderstube der Demokratie. Partizipation in Kindertageseinrichtungen. 3. Aufl. Kiel.

Hentig, Hartmut von (2012): Die Schule neu denken. 6. Aufl. Weinheim und Basel.

Jürgens, Eiko; Lissmann, Urban (2015): Pädagogische Diagnostik. Grundlagen und Methoden der Leistungsbeurteilung in der Schule. Weinheim und Basel.

Juul, Jesper (2017): Vorwort. In: Grams Day, Sarah (2017): Zufriedene Lehrer machen Schule. Über die wichtigste Ressource zeitgemäßer Schulentwicklung. Münster.

Lindemann, Holger (2017): Unternehmen Schule: Organisation und Organisationsentwicklung. Theorien, Modelle und Arbeitshilfen für die aktive Gestaltung von Schule und Unterricht. Göttingen.

Maier, Uwe (2015): Leistungsdiagnostik in Schule und Unterricht. Schülerleistungen messen, bewerten und fördern. Bad Heilbrunn.

Ministerium für Kultus, Jugend und Sport Baden-Württemberg (Hrsg.) (2016): Amtsblatt des Ministeriums für Kultus, Jugend und Sport Baden-Württemberg: Bildungsplan der Grundschule. Bildungsplan 2016. Fachplan Bewegung, Spiel und Sport. Villingen-Schwenningen.

Pant, Hans Anand: Einführung in den Bildungsplan 2016. In: Ministerium für Kultus, Jugend und Sport Baden-Württemberg (Hrsg.) (2016): Bildungsplan 2016. Lehrkräftebegleitheft. Villlingen-Schwenningen.

Portmann, Rosemarie (2001): Kinder haben Rechte. Denkanstöße, Übungen und Spielideen zu den Kinderrechten. München.

Richter, Dagmar: Welche politischen Kompetenzen sollen Grundschüler/innen erwerben? In: Richter, Dagmar (Hrsg.) (2007): Politische Bildung von Anfang an. Demokratie-Lernen in der Grundschule. Bonn.

Schröder, Richard (1996): Freiräume für Kinder(t)räume! Kinderbeteiligung in der Stadtplanung. Weinheim und Basel.

Schumacher, Ingrid (2015): Klassensprecher, Klassenrat und Schülerparlament. Praxisanleitungen zur Demokratieerziehung in der Grundschule. Mülheim an der Ruhr.

Sliwka, Anne (2008): Bürgerbildung. Demokratie beginnt in der Schule. Weinheim und Basel.

Tietze, Kim-Oliver (2016): Kollegiale Beratung. Problemlösungen gemeinsam entwickeln. 8. Aufl. Hamburg.

Wahl, Diethelm (2006): Lernumgebungen erfolgreich gestalten. Vom trägen Wissen zum kompetenten Handeln. 2. Aufl. Bad Heilbrunn.

Internetseiten

Bielefelder Laborschule (2017): Demokratie leben und lernen. Erfahrungen der Laborschule Bielefeld http://gruene-fraktion-nrw.de/fileadmin/user_upload/ltf/Publikationen/Dokumentationen_Broschueren/Laborschule-Bielefeld.pdf (Stand 02.04.2018)

Freie und Hansestadt Hamburg, Behörde für Schule und Berufsbildung: Bildungsplan Grundschule. Aufgabengebiete
https://www.hamburg.de/contentblob/2481804/e61d9c1573dd00eb802bac884c70a141/data/aufgabegebiete-gs.pdf (Stand 02.04.2018)

Landesinstitut für Schule Bremen: Pädagogische Leitlinien Primarstufe
https://www.lis.bremen.de/sixcms/media.php/13/01-06-12_P%E4d._Leitlinien.9264.pdf (Stand 29.11.2018)

Ministerium für Bildung, Familie, Frauen und Kultur Saarland (2010): Kernlehrplan Sachunterricht Grundschule
https://www.saarland.de/dokumente/thema_bildung/KLPSUGS.pdf (Stand 15.02.2018)

Ministerium für Kultus, Jugend und Sport Baden-Württemberg (2016): Leitgedanken zum Kompetenzerwerb im Fach „Bewegung, Spiel und Sport", Bildungsplan 2016
http://www.bildungsplaene-bw.de/site/bildungsplan/get/documents/lsbw/export-pdf/depot-pdf/ALLG/BP2016BW_ALLG_GS_BSS.pdf (Stand 29.11.2018)

Ministerium für Kultus, Jugend und Sport Baden-Württemberg (2016): Bildungsplan 2016 für Sachunterricht
http://www.bildungsplaene-bw.de/site/bildungsplan/get/documents/lsbw/export-pdf/depot-pdf/ALLG/BP2016BW_ALLG_GS_SU.pdf (Stand 29.11.2018)

Ministerium für Kultus, Jugend und Sport Baden-Württemberg (2016): Bildungsplan 2016
http://www.bildungsplaene-bw.de/site/bildungsplan/get/documents/lsbw/export-pdf/depot-pdf/ALLG/BP2016BW_ALLG_LBH.pdf (Stand 29.11.2018)